米鄉地圖：

南瀛米食文化

謝玲玉 著

目次

Contents

局長序
讓文化接地氣

　　「米食」係民生問題，也是經濟、政治問題，更是社會、文化議題，大臺南自古就是臺灣的重要糧倉，而由「米食」所拓衍出來的街市空間、日常飲食、歲時節慶、生命禮俗與宗教祭祀等等層面，多元而精采，為此，「大臺南文化叢書」第八輯即以「大臺南米食文化」為專題，邀請「古都保存再生文教基金會」鄭安佑先生、邱睦容小姐和前聯合報記者謝玲玉小姐，分別進行府城與南瀛米食的研究與撰述，鉅細靡遺、面面俱到地論述米食文化，相當接地氣，也相當有在地感。張耘書小姐的《府城米糕栫研究》，則以踏實的田調研究法，詳細報導臺南(也是全國)唯二製作「米糕栫」的店家及其製作方法，豐富大臺南的米食文化。

　　此外，延續「大臺南文化叢書」風格，除了專題之外，也增加時事或重要議題研究，本輯新增《臺南都市原住民》、《臺南鳥文化》等二書，分別邀請記者曹婷婷小姐、鳥類研究達人李進裕老師執筆。「都市原住民」討論 16 個原住民族群落腳大臺南的沿革、歷程與長遠發展，讓隱身於「臺南都市」的原民朋友現身說法，找到定位；而「鳥文化」則以文化的角度，重新觀察黑面琵鷺、菱角鳥、黑腹燕鷗等等各種鳥類在臺南土

地的生態、藝術與文學意趣，這是一個全新的議題，只有大臺南擁有這樣的鳥資源與生態文化。

因應新文化政策，「大臺南文化叢書」將朝向更活潑、更多元，也更具廣度與深度方向規劃，因此，從第九輯起我們將不再預設專題，而由各個文化領域的研究者挑選具前瞻性與挑戰性的研究議題，邀請專家學者進行相關研究，開啟另一扇文化之窗。

臺南市政府文化局局長

第一章

序曲：嘉南大圳放水了

第一節　嘉南大圳灌溉阡陌縱橫

被譽為嘉南大圳之父的日本技師八田與一，將他人生最黃金的歲月，留在日本殖民地臺灣。他率領專業團隊建造完成當時亞洲第一大壩烏山頭水庫，將嘉南平原一望無際的看天田，變成黃金沃野，成就了臺灣的大米倉。

1930 年 2 月，最後一班火車從大內庄運完沙土，亞洲第一大堰堤，烏山頭堰堤完工了。當時堪稱臺灣面積最大的人工湖完工了，60 萬農民賴以為生的嘉南平原獲得了灌溉滋潤。

1930 年 5 月 15 日，嘉南大圳通水典禮，水流轟轟奔流而出，湍流漫向大地。淚水和飛濺的水沫模糊了所有人的視線。

這是一個形狀很稀奇的人工湖。下村民政長官在看著設計圖時，覺得這人工湖形似珊瑚樹，於是為它取名珊瑚潭。官田溪蓄水池自此稱為珊瑚潭，現在稱為烏山頭水庫。

1,273 公尺長的堤堰與 1 萬 6,000 公里長的排水路，稱之為嘉南大圳的世紀大工程，歷時 10 年才完成，總計斥資日幣 54,139,678 萬圓，折合新臺幣 15,633,750 元。總灌溉面積將近 15 萬公頃。

春耕了，培育完成的綠苗如
毯子一般捲起，十分有趣。
下營這處苗床，綠油油的秧
苗如詩如畫。插秧季到，一
片一片秧苗將送到農地裡去。

水圳澆灌了遍野稻田。每當稻穀成熟了，大地就是一幅畫；就怕連日大雨造成倒伏。

　　此後，嘉南平原復甦如鋪滿綠色地毯的大地，且被稱為臺灣最大的穀倉。在此同時，八田與一升任為敕任官技師。而堤堰上的烏山頭水庫，當時堪稱亞洲唯一的溼式堰堤水庫，規模為世界僅有。

當時號稱亞洲第一大堤堰，烏山頭水庫水利工程完工時，與世界相比，僅次於美國與荷蘭，列居世界第三大。美國土木學會特以「八田水壩」為其命名，並在學會誌上向全世界介紹。

嘉南平原贏得臺灣穀倉之名

時光回溯到 1923 年，嘉南平原稻米產量原有大約 8,726 萬 4,000 公升。有了嘉南大圳活水灌溉之後的短短 10 年間，阡陌縱橫的稻田產量，暴增到 3 億 5,814 萬 6,000 公升，竄升到全臺第一名，因而贏得臺灣穀倉之名。

依據八田與一的構想，有水的地區可以種稻，沒有的地區就輪流種甘蔗或雜糧。這樣的灌溉方式後來稱為「三年輪作給水法」，往後很長的歲月裡仍深深影響著嘉南平原的農業。

1969 年 2 月，隨著時代變遷，嘉南農田水利會在堅持保留自然之美的前提下，同意烏山頭水庫受指定為觀光勝地。

特別是位在嘉南平原上，屬於農村型的後壁鄉（今後壁區）耕地遼闊，多達約 5,600 公頃，傳統作物包括稻米、甘蔗和甘藷，隨著農業政策改變與社會變遷，近年來農民研究栽培芭樂、瓜類等精緻作物也漸漸發展出農產特色，但是稻米仍是農民賴以為生的重要作物。

後壁在日治時期有農業經濟記載以降，早期農業環境受到天然條件的限制。在烏山頭水庫興建之前，除了土溝地區利用

白水溪及頭前溪圳引水灌溉種植少數水稻之外，其餘多為「看天田」，全仰賴雨水耕作。

砂質地區第一期種陸稻，裡作種甘藷、花生等雜糧作物，黏土區一年一作，靠雨水僅二期輪種水稻，但產量低，又常遭到嚴重旱災而血本無歸的局面，致農民耕作利益難有保障。

1949 年之後，國民政府開始在臺推動一連串土地改革，1951 年實施公地放領，從日本人手中接收公有農地放領給佃農，扶持佃農成為自耕農；1952 年實施耕者有其田，「自給自足」的糧食政策，帶來糧食增產並有餘糧出口賺外匯。1950 年代，國人以米飯、甘藷為主食，根據農復會 1952 年的「農村食物消費調查」，臺北區農家主食全為米（飯和粥）、臺中區農家米（飯和粥）和甘藷，臺南區則有三分之一的農家僅以甘藷為主食。農復會的報告分析述說：「農民多食甘藷亦係經濟環境使然，蓋彼等無他法獲得其他足夠之食物。」[1]

後壁贏得了「臺南縣的米倉」美譽

直到烏山頭水庫完工供水後，後壁納入 3 年輪作區，每 3 年輪流種植一季水稻，輪作方式通常以水稻—甘藷—甘蔗為耕

---

[1] 楊鎮宇著、臺灣農業推廣學會策劃，〈第一章 農民貢獻大，1945~1970〉，《食·農——給下一代的風土備忘錄》（臺北：游擊文化股份有限公司，2018 年），頁 49。

作制度。再到 1973 年曾文水庫興建完成後，後壁大部分耕地編入雙期作，主要作物也變成水稻，後壁當時即贏得了「臺南縣的米倉」美譽。

每當一期稻或二期稻結穗之際，嘉南平原田野披上一片金黃，農民等待著收割季的到來，也不時地敲鑼吹哨子，用盡各種方法驅鳥，避免稻穀被鳥兒吃光光。

田畦間稻草人隨風搖曳或是田埂上常見農人使勁地敲鑼，一邊還拉大嗓門「嗚嗚嗚——」地喊著，試圖嚇跑偷吃稻穀的麻雀。農民在田裡架網捕鳥，就算架好天羅地網，每天還是得要巡視兩、三趟，否則，田裡隨時都可以看到鳥兒烏鴉鴉一片，肆無忌憚地大吃特吃。

農民說，若不想辦法驅鳥，像這樣三、四分田地的稻穀，讓鳥兒任意糟蹋，要被吃掉 500 臺斤是很容易的事。

農民驅鳥的招術從最傳統的架設稻草人到插旗海、懸掛老鷹風箏等，到底那一種最有效？農民見仁見智。架設彩帶，隨風不時地晃動，嚇阻作用好像也不錯，也有人設置定時炮，每隔 15 或 20 分鐘響炮一次。嚇來嚇去，恐怕是先嚇壞路人，農民笑著說。

稻田插上各種旗幟驅鳥。
這是 2003 年 8 月間在鹽水田野間捕捉到的鏡頭，老阿媽說，敲鑼打鼓才能把
鳥兒嚇跑。

2003 年夏天，北門沿海錦湖的稻田佈滿稻草人。
這樣細心佈置的稻草人已不多見。

前往新港東田野間，遠山襯著金黃稻田。

第二節　看天田變良田

臺灣自古就有「埤圳」，也就是日本人所說的灌溉設施。「埤」是農業用蓄水池，「圳」是這些蓄水池的水路。1917 年，八田與一和年輕技師組成的工作團隊設計的桃園埤圳工程，上了軌道，成了他設計嘉南大圳的試金石。

八田與一奉令先調查兩件事。其一是尋找水力發電的水源。其二是勘查在急水溪是否能興建灌溉水壩。他優先調查水源發現，日月潭最適合做為水力發電的水源，另一方面，急水溪蓄水力不足，能灌溉的面積也不多。

至於興建灌溉水壩計畫，從調查、提案到設計、監造，每一環節，對八田與一都是在挑戰不可能的任務。

這麼大片的看天田，若有水灌溉就好了

八田與一在調查急水溪水源時，一路西行發現，亟待灌溉的荒地比想像中還龐大。

「這麼大片的看天田，若有水灌溉就好了。」八田與一這麼告訴自己。

他決定，不應該把嘉南平原 10 萬甲土地閒置。他繼續調查後，又發現官田溪上游，叫烏山頭的地方，還留有荷蘭時期建造的「三腳埤」磚造堰堤，和清領時期水利設施的遺跡。

他繼續在遺跡上游和龜重溪上游，都發現築水壩適用地。他構想，在這兩條溪上興建水壩，鋪設水路，為嘉南平原打造大規模灌溉工程，同時做排水工程。如此一來，不但能使 10 萬甲土地變良田，還可以解決農民長期忍受的洪水、鹽害和缺水之苦。

此時的嘉南平原腹地橫跨嘉義廳和臺南廳，南北長 92 公里、東西長 32 公里，大部分在臺南廳境內，是臺灣最大的平原。

嘉南大圳灌溉計畫是八田與一的偉大夢想。他心滿意足地向上級提出厚達數十頁的計畫書，即獲得山形局長准許，告假返鄉。1917 年 8 月 14 日，31 歲的八田與一返回金澤市，和 16 歲的米村外代樹結婚。

八田與一斬釘截鐵地說：「我有把握才計畫的。」

度蜜月返回臺灣的八田與一，開始面對長官的質疑。但八田與一強調，嘉南大圳灌溉工程不只在日本，在亞洲也無前例。他斬釘截鐵地說：「我有把握才計畫的。」負責的長官立即答應解決資金問題。當時日月潭與烏山頭水庫，可謂亞洲最大的兩件水利工程。

1918 年，嘉南平原的灌溉計畫正要全面調查時，多位地方廳長得知嘉南平原灌溉計畫預算有難題時，即收集 1 萬 1,500

餘人簽署，共 65 份的請願書到總督府。請願書中說，農民願盡量負擔經費和勞力，但請盡快施工。當然，也有農民對這件工程沒有信心。

此際，日本國內奪糧暴動波及全國，米價持續上揚，增產米穀成為日本政府的當務之急。

請願書和日本政府提倡增產米穀的政策，促使灌溉計畫加速進行。在原田技監和八田與一完成全面調查後，提出計畫指出，官田溪是興建水壩的適當地點，但龜重溪蓄水力弱，自龜重溪取水，變更為直接自濁水溪取水。而要在龜重溪築壩蓄水，就必須在烏山嶺挖隧道，自曾文溪引水，長隧道亦需要龐大的工程經費。

八田與一設計烏山頭水庫時，原先的計畫灌溉面積是 7 萬5,000 甲，但他了解到水庫的蓄水量一次若只夠灌溉 7 萬 5,000甲地，其餘的農田怎麼辦？

如此超大的計畫，在世界也是罕見

同樣住在嘉南平原，不同區域的農民，可能因為是否位在水源區，而被分為富農或貧農，這對整個社會絕不是好現象。嘉南大圳，後來提出附帶計畫，將灌溉面積擴大為全嘉南平原15 萬甲。

在當時，如此超大的計畫，別說在亞洲獨一無二，在世界

也是罕見。農家出身的八田與一深信，只要這個計畫實現，臺灣的農業就會產生重大變化。反觀一個桃園縣的埤圳計畫給水路，就已經有 200 多公里，那麼要灌溉 15 萬甲地的給水路要多長呀？八田與一估計，至少超過桃園埤圳的 10 倍或 20 倍，加上排水路就更可觀了。他計畫官田溪堰堤至少需要 1,000 公尺長，高度超過 50 公尺。1919 年 3 月，八田與一率 80 餘名技術員到嘉南平原展開調查，調查還發現，嘉南平原的農民不只缺農業用水，有些地區連飲用水也沒有。

調查工作花了 7 月個完成。調查報告主要有兩大部分：一處是取自濁水溪的水可以灌溉 5 萬 2,000 甲地。另一處是嘉南大圳的心臟蓄水池，即後來的烏山頭水庫，是以土堰堤築成的人工湖——官田溪蓄水池。此蓄水池可以灌溉另外 9 萬 8,000 甲地。

曾文溪有很多支流，最靠近河口的支流官田溪，延伸到烏山頭谷間。八田與一的計畫是，在官田溪上流的烏山頭谷地缺口，築巨大堰堤，谷地成為蓄水池，蓄水量 1 億 5,000 萬噸。

這將是一個滿水時面積 13 平方公里、最高水位 32 公尺的巨大人工湖。為了補足欠缺的水量，他選中每年平均流量約 12 億噸的曾文溪水，引水至官田溪蓄水池。

而為了將曾文溪水引至蓄水池，他必須在橫梗兩地之間的烏山嶺開挖隧道。隧道長 3,078 公尺，連暗渠、明渠共計 3,800

公尺。

　　八田與一所設計堰堤，採取半水成填充式工法，混凝土使用量只佔百分之 0.05，其餘多為卵石、栗石、礫石、沙和黏土，完成後看不到混凝地，而是在一小層卵石上，披上青青草皮。

　　濁水溪和官田溪兩處蓄水池送水至 15 萬甲地，必須仰賴網狀的給水路，給水路總長 1 萬公里，竟是桃園埤圳給水路的 50 倍。若加上 6,000 餘公里的排水路，整個水路總長就是 1 萬 6,000 公里。這途中還包括水門、給水門、放水門、溢洪道、水路橋、鐵道橋、步道橋、暗渠等設施，工程複雜程度令許多技術人員驚嘆。

　　這當時為亞洲第一的灌溉工程，經費需 3,800 萬圓，包括事務費，總經費追加到 4,200 萬圓，由民間團體施工及管理營運，並由政府監督。計畫過關了。1920 年 9 月 1 日，這個計畫歷時近 4 年的巨大工程，終於動工了。

　　嘉南大圳是由民間成立「公共埤圳官佃溪埤圳組合」（「組合」是「協會」的意思），結合官、民、商的力量，在總督府主導下，共同承擔和打造這項世紀工程。

　　1928 年 6 月 17 日，犧牲許多性命的烏山嶺隧道貫通了，翌年 11 月 12 日，最艱鉅的烏山嶺隧道工程竣工。曾文溪水滾滾流進了烏山嶺，再緩緩流向烏山頭。

八田與一帶領的團隊，建造了偉大的壩堤及迷人的水庫景致。

亞洲第一大堰堤，烏山頭堰堤完工了。

1930 年 2 月，最後一班火車從大內庄運完沙土，亞洲第一大堰堤，烏山頭堰堤完工了。當時堪稱臺灣面積最大的人工湖完工了。60 萬農民賴以為生的嘉南平原獲得滋潤。

美國土木學會技術員看完八田技師的設計圖後說，「這是了不起的堰堤！」沒有人敢相信這會是一名年輕技師所設計的，而且他並沒有經驗，完全只根據文獻研究來的。

「住在不毛之地的農民，再怎麼辛苦耕作都無法收穫。我是農家子弟，深知再也沒有比這種處境更悲慘的了，」他計畫將嘉南平原分為二到三個區域，每兩年流輪給水，讓全嘉南平原的農民都能公平享有水的恩澤。這麼一來，水壩只要找到一、兩個水源就夠了。依據八田與一的構想，有水的地區可以種稻，沒有的地區就輪流種甘蔗或雜糧，這樣的灌溉方式後來稱為「3 年輪作給水法」，至今仍影響著嘉南平原的農業。

1930 年 5 月 15 日，嘉南大圳舉行通水典禮，為嘉南平原的農業歷史寫下新的一頁。完成嘉南大圳時的八田與一已 44 歲，冒出斑白頭髮。「八田與一不但是工程專家，也是經濟學家，」嘉南農田水利會前會長徐金錫，昔日向外賓介紹八田與一時，總不忘強調這一句。

八田與一做事向來有遠見。他在完成嘉南大圳後，就已考慮到烏山頭水庫的壽命和極限。他當時即拋出一個構想，就是

◀烏山頭水庫出水口，出水時如萬馬奔騰，更見氣勢磅礡。

在烏山頭水庫上游，興建更大的曾文水庫，補充烏山頭的灌溉用水的不足，延續烏山頭水庫的使用壽命，並發揮發電、公共用水、調節洪水和觀光等多元功能。只是八田與一無緣參與後續計畫。

曾文水庫興建工程在戰後重提，並於 1973 年完成，水壩就在烏山頭取水口上游，133 公尺高，400 公尺長的填石堰，有效蓄水量 6 億噸，日本技術指導，成為臺灣規模最大的水庫。後來水庫於 1974 年開放觀光，湖光山色之美，是許多人年少的共同記憶，遊湖賞景也譜出美麗戀曲。

曾文水庫位於嘉義縣大埔鄉與臺南市楠西區之間，在人工湖開發之後，原有的天然景觀，因為水利設施的開闢，成為水資源觀光勝景。

曾文水庫工程終於在 1973 年 10 月完工

話說國民政府遷臺時，農業成為振興國家之本，而嘉南平原是臺灣的大穀倉，1930 年就完工啟用的烏山頭水庫已不敷使用。政府經過多年規劃踏勘，擇定曾文溪上游開闢曾文水庫。1970 年間，工作人員在曠野中進行艱鉅的溢洪道與大壩工程，成為國家重大經濟建設，也展現先人高度智慧。無數水利雄兵餐風露宿，開山闢地，成就了臺灣水利工程史上艱鉅又重大的工程，當時的總統蔣中正先生與擔任行政院長的蔣經國

先生父子還專程南下視察，留下珍貴歷史鏡頭。

曾文水庫工程終於在 1973 年 10 月完工，颱風豪雨季節開始發揮功能，攔蓄洪水、調節洩洪，減輕曾文溪下游水患。1984 年 9 月 7 日第一次洩洪，如萬馬奔騰般的磅礴氣勢，留下歷史性的一刻。

從此，烏山頭水庫也就成了曾文水庫附屬水庫。曾文水庫東口引溪水穿過烏山嶺隧道到西口，再經隧道冒出，進入烏山頭水庫領域。東口鬼斧神工、西口又有「小瑞士」之稱，水利工程景觀渾然天成。

八田為嘉南大圳奠下基石，後人紀念八田與一，已超越國籍與歷史情感。這一切除了八田與一之外，那些為這偉大工程犧牲性命的工程人員，都在這片湖光山色之間烙下足跡。

烏山頭水庫入口處，300 公尺高的山坡上，拾階而上，可以俯瞰導水路和放水門，自一旁休憩所右轉，沿淨水場邊小路步行 20 公尺，即可看到高聳參天的大石碑「殉工碑」。

殉工碑背面刻著「維新昭和 5 年 3 月建，烏山頭交友會」。中段的石板正面以八田與一之名所刻寫的悼文是：

嘉南大圳，以蒙其利澤之廣大，及其水源工程之雄偉，而冠於世。其工細且微，雖施工上遭逢諸多困難，然歷十年之辛楚，茲全工成。諸位於斯間，遭遇不慮之災厄，或患病疫，而

獨眠於異鄉之墳塋，令人十分痛惜。雖諸位是一同犧牲之殉工者，然一死足以鼓舞工作人員之志氣，使此一大工程完成，又可謂偉大也。

噫噫，彼淙淙之曾文溪水蘊藏於此蜿蜒之堰堤，汪汪碧潭隨時給水，滾滾流不盡，諸位之名亦不朽也。

乃茲卜地建碑以傳諸位與子之文矣

昭和五年（1930）3月

烏山頭交友會會長八田與一

另外三面石板上，刻著所有在工程期間亡故的工作人員及他們的家人名字，名單依死亡順序排列，日本人和臺灣人沒有先後之別。烏山嶺隧道意外死亡之外，還有人因水土不服染病送命。其中協會的員工70人，若加上他們的家人，共計134人。這當中日本人41人，臺灣人92人。在烏山頭水庫死亡的日本人，被葬在小學校北邊的日本人墓地。而在烏山頭豎立的殉工碑，永遠紀念這些無名的工程英雄。

在八田與一心中，沒有國界；他的理想因他的年輕活力與熱情，在異國的土地上，美夢成真。

沉思的八田與一

沉思的八田與一，是他的部屬和朋友永遠都記得的八田與

一形象。八田與一遇到問題無法突破時，特有的習慣是吸菸，另一手手指不時地扭捲著頭髮，白髮、灰燼散落桌面。

部屬一旦看到八田與一為了工程，陷入沉思，手又在不停地扭捲著頭髮，就知道事情不妙。大家都清楚，如果在這時候找他，可能會碰到「雷陣雨」。

八田與一於 1930 年 8 月一度離開烏山頭，又返回臺北時，交友會為了表揚他的功勳，發起為他製作銅像，藉此永遠象徵全體工作人員的精神。交友會的好意，八田與一不忍再推辭，但他要求不要一個姿態威嚴的銅像。

在烏山頭 10 年，八田與一沒穿過西裝。交友會就照他的意思，委託雕塑家塑造了真實反映八田與一風格的銅像。於是，穿著工作服和日本綁腿布鞋，席地而座，左手撐著額頭，右手食指扭捲著頭髮，沉思的八田與一雕像於 1931 年 7 月 8 日完成後，設置在堰堤起點北邊小山丘的草地上，俯瞰著珊瑚潭和堰堤。

兩個月之後，中日戰爭爆發，軍方下令收繳銅和鐵等戰備物資，許多銅像都被陸續運到煉製所鎔化，八田與一銅像也在 1944 年被迫上繳。直到日本戰敗，組合職員偶然在番仔田（官田）火車站的倉庫內，發現八田與一的雕像。

當時，日本人陸續被遣返，日本人在臺灣的雕像也紛紛遭到破壞。已改稱嘉南農田水利會的「組合」，只敢偷偷地將八

田與一的銅像買回，透過各種方式妥善保管。待社會安定，臺灣人不再排斥日本人，水利會於 1975 年向政府申請重新設置銅像，申請案因中（中華民國）日斷交，遭到否決。

1978 年再次申請還是沒有下文。水利會在為銅像鑄造模型備份之後，仍決定將銅像設置原地，1981 年再加裝臺座。八田與一銅像自這一刻起，又重新成為珊瑚潭的精神保壘和嘉南平原的守護神。

曾在嘉南農田水利會任要職的陳正美先生，在第一任水利會會長林蘭芽任內，就開始蒐集八田與一的文獻，並成為後人探索八田與一故事的重要依據。陳正美曾經這麼詮釋八田與一的精神：「每個人都有他的抱負，這抱負就是明天將要綻開的絢爛的花朵。要達到這目的，應有創業、敬業、奮鬥的精神才得以達成。」

八田與一銅像一直守護珊瑚潭

「我每一次重回烏山頭，都以為這是最後一次，因此我每一趟旅程都充滿感激，也十分珍惜。」2003 年 9 月 12 日中秋節，八田與一之子、年逾八旬的八田晃夫到烏山頭祭拜父親時，滿懷感恩。

八田與一銅像，應是「光復」後唯一存留在臺灣的日本人雕像。八田與一意外過世後，每年 5 月 8 日，「思慕八田與一

伉儷和臺灣友好親善會」都會前來悼祭，水利會也將這一天訂為嘉南平原灌溉開工祭典，祈求灌溉工程順利平安。

那年，2003 年，因 SARS 而延至 9 月才由中川外司會長率團來臺，場面格外溫馨。八田晃夫緩步走上小丘，在獻花致祭後，他在父親八田與一銅像前沉思許久。他從出生到 10 歲都住在烏山頭，這裡也是故鄉。他說：「我年紀大了，每一年來時都以為是最後一趟了，因此每趟旅程都很感恩，也很珍惜。」

八田與一的銅像一直牽繫著日本和臺灣兩地人民的情感。

八田與一有個保有充沛精力的秘訣，就是他常常有偷閒陷入沉睡的習慣。他在工地樹蔭下也隨時可以熟睡，獨坐時，也容易陷入沉思。八田與一的銅像細膩地留住了他沉思的神情。
右圖為八田與一長子與長媳，2003 年來臺參加追思會。

2017 年 4 月 15 日，八田與一銅像遭人以線鋸鋸掉頭部，銅頭下落不明。當時一年一度的追思會在即，嘉南農田水利會為讓追思會如期舉行，經由臺南市政府與奇美博物館協助邀請藝術家王昭旺利用館藏的銅像複製品，進行修復。

數日後，也就是 5 月 7 日，八田與一銅像修復完成，應邀參與銅像重新揭幕的八田與一長孫表達感謝，與會人士也都欣慰臺日情誼永存，並且期盼這樣的事情不再發生。

第三節　南瀛大米倉

1940、1950 年代的臺灣，也就是戰後之初，時局仍值戰備，子彈等軍備都受到嚴格的管制。在特殊的時空環境中，後壁這個傳統稻米產地可謂天時地利，又因為擁有地方仕紳李連春出任臺灣省糧食局長、楊群英任嘉南農田水利會長，加上南瀛大地水庫建設完備，農業發展甚早。再有地方民意代表發聲及國家糧食政策，牽繫著地方農業發展，而造就了今日的後壁大米倉。

心繫國家糧食政策李連春

李連春（1904~2001）這位年逾九旬仍退而不休的老將，對國家的貢獻，已寫下不可抹滅的一頁。

後壁區農會位在菁寮的辦事處
是古樸的穀倉造型。

稻子收成了，接著種植綠肥養地。下營田野間這處油菜花田格外迷人。圖片拍攝於 2003 年。

　　李連春很早就離鄉，故鄉人對他的記憶漸漸模糊。在同鄉當中，有出生菁寮的楊群英長他 5 歲。李連春對楊群英十分敬重，同鄉有事聯繫也都透過楊群英（1898~1995）。楊群英過世後，楊群英曾任省議員的兒子楊磬宜，對李連春長者仍有頗深的印象。昔日與文史專家黃文博校長一同執筆《後壁香火》，

以及後來撰寫《南瀛鄉賢誌》期間，曾訪談楊磬宜先生，對李連春先生多了人情味的描寫。

李連春於 1904 年（日本明治 37 年）生於原「墨林村」，自幼因緣際會跟著日本人的貿易公司工作，主要從事銷售米糧到日本的工作，經年累月對臺灣省的米糧面積和栽培狀況一清二楚。

楊磬宜回憶，戰後到 1952 年間，臺灣仍處於準備反攻大陸的時期，糧食嚴格管制，米糧不易流通，南米不能北進。當時，日本人告訴「老總統」，臺灣只有李連春一人對全省糧食生產面積及如何控制米糧最清楚，於是李連春奉命任省糧食局長兼合作金庫理事長、省府委員，任期分別到 1974、1976 年間退休。

李連春任省糧食局長期間，對米糧銷售日本貢獻也很卓著。李連春日文流利，臺灣對日本貿易都由他出面接洽。楊磬宜說，李連春在日本人心目中的地位，他曾親眼見識。楊磬宜有一回以省議員身分赴日訪問，李連春正在日本，只見在與日本各界應對的場合中，李連春受到禮遇與敬重不在話下。

李連春生長在特殊的年代，逢特殊際遇，也造就了特殊的功績。應是受到「日本精神」的影響，他在省糧食局長退休後，仍繼續獲聘為合作金庫顧問。他天天到辦公室上班，儘管已經年長，仍耳聰目明，沒有人不折服他的精神。

稻子抽穗了，稻田轉成一片金黃。前往菁寮的小徑上，古宅與稻浪是濃濃鄉情。

1960、1970 年代，南瀛大地糧倉林立

1960、1970 年代的農業又進入不同階段的發展。由於政策鼓勵，私人碾米廠如雨後春筍，南瀛大地可說是糧倉林立。

政府於戰後實施三七五減租及耕者有其田政策以來，農民對耕種水稻興趣漸濃，後來又有農業耕作技術輔導、品種改良，尤其配合水利灌溉，水稻田成了後壁最美麗的田園景致。

1962 年以後，後壁第四屆鄉長徐須，大力注重防治病蟲害及推廣稉（讀音ㄍㄥ）稻品種更新，使後壁農民由過去栽培低產質劣品種的在來米，轉變改種品質優且產量高的蓬萊稻品種，加上烏山頭水庫優良水質灌溉，「優質米」成了後壁的驕傲。

後壁自 1967 年，起先在「本協村」辦理 30 公頃的水稻生產改良技術綜合栽培工作。集合各項栽培技術於一體的示範栽培，經二期示範結果，稻穀產量明顯增加，成效良好而更吸引農民跟進的意願。1969 年起的第二期開始，又辦理了 1,000 公頃以上的推廣工作，全鄉水稻總栽培面積逐年增加。1970 年以後又陸續辦理機械化栽培，以減輕因勞力外流的困境，相對提高產能。1983 年一、二期合計多達 8,000 公頃，相對帶動輾米業的發展，大大小小的輾米工廠應運而生，盛極一時。

1951~1965 年間，美國持續援助臺灣，「農復會」是臺灣政府與美國共同創立，「美國教你吃你沒吃過的東西，並且喜

歡你吃的東西，而不是去吃你喜歡的東西。」時值 1950 年代美國面臨糧食過剩問題。在那樣的時空背景下，相關政府與法案促成了接受多年美援的臺灣，開始進口美國的小麥等農產品。「1962 年，行政院美援運用委員會與臺灣區麵粉工業同業公會合資 150 萬元，成立臺灣區麵麥食品推廣執行委員會」。各種麵食推廣開始普及於都會與農村。

1962 年臺視開播，傅培梅的烹飪節目與食譜被視為臺灣集體記憶的一部分。《食·農──給下一代的風土備忘錄》作者楊鎮宇在書中提到，傅培梅剛出道時找來「臺灣區麵麥食品推廣執行委員會」的專職老師教授各種麵食。其上司包括經濟部、內政部等中央部會還有省建設廳、省糧食局等 18 個，足見 1960 年代初麵食推廣的陣仗之大。1965 年美國並撥款贊助臺灣的營養午餐，午餐主食是饅頭或麵包。1966 年，美國小麥協會在臺成立辦事處，贊助各式烘焙訓練班，培養麵包師父，也與大專校院家政科系合作，贊助烘焙設備。「從小麥進口到麵食推廣，一方面供給麵食所需的原料小麥，另一方面則創造臺灣民眾對麵食的需求。」[2]

從上述脈絡來看，美援時期的麵食文化形成是全面的、有系統的向下扎根，並且深入常民生活而成為飲食的一部分。

2　楊鎮宇著、臺灣農業推廣學會策劃，〈第一章 農民貢獻大，1945~1970〉，《食·農─給下一代的風土備忘錄》，頁 53-56。

時代變遷與產業轉變也都推動著飲食習慣的改變。1960
年臺灣農作物生產達高峰，同時工商業的發展帶動了離鄉潮，
農村青年大量湧入城市、湧向工廠。大家庭吃大鍋飯的形態變
了，外食人口增加了，接著經濟發展了，人們口袋有錢了，飲
食西化加上營養價值觀念的改變，飲食習慣也跟著不同了。

1974 年稻米保價收購制度，帶來米穀庫存壓力。1977 年
改採限額收購，稻米生產過剩，形成新的問題。

「臺灣和其他東亞國家同屬稻米文化地區，以米為主食，
但是從 1974 年起，平均每人每年的食米量就沒有上升過，一
路下降至今。1970 年代中的稻米保價收購政策，讓臺灣的稻
米年產量達到歷史最高峰，但是國民食米量逐年下降，日漸接
受麵條、麵包等麵食，這也成為稻米生產過剩的原因之一。」[3]

農業已高度機械化。收割機如龐然大物劃過田間。接著自動脫粒並倒入貨車車
斗。

3　楊鎮宇，〈第二章 農村的困境，1970~1990〉，《食・農─給下一代的風
土備忘錄》，頁 77。

柳營省道臺 1 線一處陸橋眺望收割景致。
一列彩繪區間車疾駛而過，畫面十分奇異。

綠油油的稻田是南瀛最迷人的畫面

綠油油的稻田與遠山雲霧飄渺，相映成趣，是南瀛大地最迷人的畫面。即使在水稻播種插秧之前，當綠肥用的油菜花開滿黃色亮麗的小花之際，也是後壁譜出的美麗詩篇。

然而，隨著國家農業政策的轉型，特別是 2002 年臺灣正式加入世界貿易組織（WTO），稻米產業又一次面臨嚴重考驗。南瀛大地上的稻農，在時代的洪流中致力於生產良質米，不停歇地迎接不同時代的挑戰！。

第二章

老米廠與新糧商

第一節　檜米碾米廠風光一時

　　曾經糧倉林立的南瀛大地，歷經時代淘洗，鄉間或部分農會舊糧倉裡，還隱藏著整座的老碾米廠。每一座碾米廠寫著不同的時空背景，也都見證了稻米產業的一頁榮景。

　　東山農會就擁有一座歷史悠久的碾米廠。2005 年 8 月 3 日，當時的臺南縣政府文化局邀集成功大學徐明福教授、蕭瓊瑞教授、黃斌教授、何培夫教授及樹德科技大學吳培暉教授等學者專家及相關單位，召開「臺南縣」古蹟指定暨歷史建築登錄評鑑審查會議，與會者一致同意「東山鄉農會日式碾米廠」登錄為歷史建築，成為原臺南縣第 16 處歷史建築。

「東山農會日式碾米廠」登錄為歷史建築

　　建於 1934 年的「東山農會日式碾米廠」為杉木日式建築，專家學者一致肯定其具有歷史、建築及產業發展的重要性。這座米廠木造碾米設備與碾米流程非常少見，見證了臺灣農業在「碾米」活動上的重要產業空間及歷史發展。米廠結合木造碾米設備構造，形塑建築物的造型及空間，頗為特殊。碾米設備

除發電機曾經更替，其餘都保留日治時期原貌，具特殊產業文化價值。

特別是，碾米廠的產業機具尚能運用，配合地方農業休閒化轉型而將空間再利用，頗具有教育意義。比如遊客到東山一遊，除了可以品嘗東山咖啡、小吃「東山鴨頭」之外，還能前往東山農會展售中心並且近距離參觀碾米廠，認識臺灣日治時期碾米設備與碾米流程，體會臺灣稻米產業蛻變，關愛臺灣稻米文化資產。

菁寮梁家義昌碾米廠有段人情味故事

在臺南縣、市還未合併升格時期，就被列為「臺南縣」重要文化資產保存聚落的菁寮聚落，也保留了老碾米廠。

義昌碾米廠大約創設於 1948 年，木造房舍完整保留了少見的檜木結構碾米廠，而且機具設備保存完好。根據文化局的調查，碾米廠建築採傳統編竹夾泥牆、穿斗式杉木。碾米廠結合菁寮老街商圈與田園稻田，儼然一座生態博物館，也是現代人體驗碾米產業的最佳據點。

2008 年「臺南縣文化局」為呈現聚落不同年代下的有形／無形嫁娶文化與資產，特別策劃「阿嬤的嫁妝—菁寮嫁妝文化變遷展」，呈現不同年代的嫁娶文化縮影，梁家義昌碾米廠重新成為目光焦點。

梁家義昌碾米廠梁乃文、林秀鵬夫婦為活動熱情提供百年歷史的嫁妝文物，包括古老錢箱、金髮簪、貝殼鑲嵌套筷、檳榔籃、雕花對杯以及多樣精緻的手工藝品。最驚奇也最神秘的

義昌碾米廠大約創設於 1948 年，建築外觀主要採傳統編竹夾泥牆、穿斗式杉木。碾米廠於 2010 年由臺南市政府登錄為歷史建築，修復工程於 2020 年完成，臺南市政府並設置解說牌。

嫁妝卻是日式木造碾米廠。根據文化局文資科表示，碾米廠是林秀鵬女士出嫁所攜帶的錢財購買的，後來成為梁家的生計命脈，並且庇蔭子孫滿堂。

鹽水也有一處關於碾米廠的故事。鹽水康樂路上，外觀泛著明亮漆色的木造建築，在街上是相當罕見的。那兒曾伴戲迷走過風光半世紀的永成戲院，自 1999 歇業閒置，經 3 年多修復，終於在 2012 年春天恢復原貌。

永成戲院曾是鹽水地區 3 家戲院之一，既放映電影又上演戲劇，如今是鹽水僅存的老戲院建築。戲院的歷史就與碾米廠息息相關。

鹽水永成戲院原經營碾米廠

戲院創立者，鹽水聞人黃直，原經營碾米廠。日治時期戲院原址是米倉，1945 年改為戲院，營業到 1999 年，國片沒落而走入歷史。戲院極盛時期，知名喜劇演員「矮仔財」、「大胖玲玲」等人都曾登臺演出，造成萬人空巷，是「四、五年級生」的共同回憶，也是臺灣戲院發展的縮影。

黃直以大半輩子的心血創建的永成碾米廠，在 1943 年落成，3 層樓的建築，規模獨具。戲院當年最多可容納 1,200 人，牽引無數人跟著喜怒哀樂，從早期的默片、到樂隊和旁白配音、又有外國黑白電影片借助臺語配音，再有彩色影片，可以

說是臺灣「光復」後電影發展史的縮影。後來隨著社會變遷，戲院走入歷史，建築仍由黃直後代完整保留迄今。[1]

碾米廠躲過空襲，沒逃過祝融

黃直次子黃怡誠，曾向筆者娓娓道來戲院與米廠的過往，並且指正部分被誤植的內容（「戲院在二次世界大戰遭戰火襲擊」情節為誤解）。他說，事實上，1944年碾米廠躲過了空襲。1945年戰後恢復碾米工作，那年大約在7、8月間，日正當中，馬達皮帶如常轉動著，但因輪軸生鏽，在運轉中冒出火星，莊姓職員聞到異味，同時見到火舌自3樓竄出來，木造建築火勢一發不可收拾，隨即蔓延至2樓。

火警發生時，黃怡誠年僅6歲（1940年出生）但已有些印象。黃怡誠進一步說，弟弟怡錄才剛出生（1944年出生）。火警波及一旁的倉庫，因而拆掉了一棟，那年9月整理改為戲院並於12月1日開幕。

緊鄰戲院的是點心城。點心城北面曾有一處酒家「醉花樓」，洋樓式建築直到近代才拆除改建現在樓房。黃怡誠回憶說，印象中，「醉花樓」有2樓高，進門有座大樓梯，父親黃直生活風流，做米這行的要配送南洋就必須和政府配合，應酬

---

1 謝玲玉，《在晨光中，在月色裡，慢慢走：臺南。文學。散步》（臺南：臺南市政府文化局，2014年），頁205。

宴客是常有的事。他初讀國校時，戰後的事情了，偶爾必須到「醉花樓」找父親，印象中的藝旦穿著一身鳳仙裝，有時會有人邀請出館唱曲，那時候已經不綁小腳了。那個時代，碾米廠附近中正路上另有一家「月津樓」，戰後改為「黑貓大酒家」。

日治到二次世界大戰前，是鹽水港藝旦黃金時期。在香包達人「厝未阿媽」的記憶中，鎮上最有名氣的酒家包括月津樓、醉花樓和古月樓。藝旦才貌雙全，唱曲、彈琴，南北管樂音動人。在鎮上經營老百貨行、擅長女紅的「厝未阿媽」早期常賣胭脂水粉給藝旦，藝旦每次出門都得盛裝，從梳頭、上粉到換裝，每個細節都十分講究。鎮上若來了才華出眾、貌美似花的名旦，就成了名流之間的話題；多才多藝又多情的藝旦，自然教富家子弟傾倒，就連書生名仕也拜倒她們石榴裙下吧！

陳年往事，見證了米廠生意在地方經濟發展上的重要角色，也為老鹽水流金歲月留下戲劇化的故事。

鹽水歡雅農會檜木碾米廠見證稻米產業發展

鹽水農會除了本會的老碾米廠被完整保留之外，歡雅糧倉也有一座 1970 年代設置的檜木碾米廠，見證了臺灣稻米產業發展歷程。曾任鹽水農會秘書的戴吉雄於 2003 年 4 月 24 日筆者到訪時介紹，歡雅碾米廠是「農復會」補助，臺中豐原德豐社設計，福益行於 1972 年 7 月安裝完成。全廠為檜木結構，

2003 年 4 月拍下的鹽水農會歡雅分會的農倉裡，保留完整檜木碾米廠與碾米機具。

菁寮聚落裡，
福家碾米廠由
第四代傳承。

鹽水永成戲院曾經有過一段碾米歲月。

加上兩座十馬力馬達，當時造價約 70 餘萬元，主要用來碾製糙米。

這座必須由人工操作的舊式碾米廠，在國內難得一見。當時政府政策是稻穀換肥料，種稻是國家重要政策，農會獲補助闢建穀倉和肥料倉庫；1980 年代政府鼓勵轉作，農會再增闢雜糧倉庫。臺灣加入 WTO 後，雜糧政策面臨另一階段改變。

產業的蛻變從歡雅數十間不同功能的糧倉可見一斑。戴吉雄當時就預言，未來糧倉勢必會閒置，於是鹽水農會積極從產業文化活動中尋求轉型。

那幾年，鹽水農會歡雅辦事處舉辦的番茄文化節，被視為鹽水農業轉型基石；各地農會也配合政府政策，積極辦理產業文化節活動。

歷經時代更迭與產業榮枯，老碾米廠紛紛退下歷史舞臺，奇妙地又在講究復古與創新的近幾年，有些老糧倉與碾米廠重新成為話題。2019 年間，隨著西拉雅國家風景區進行「官佃真厝味」藝術街屋改造，百年宏木碾米廠「糶糴」所在的老街區，曾是昔日居民繳交米糧據點，老碾米廠再現，帶人們重溫 1950 年代廟埕與農村風情。

第二節　老碾米廠與外銷米

傳統農耕時代，碾米廠可以說百家爭鳴；隨著時代變遷，產業與社會型態改變，老碾米廠逐漸凋零。當今具規模並且與農民契作、不停歇追求轉型的碾米廠，在地方上各有經營特色，也持續為當代稻米產業寫下不同的紀錄。

碾米廠與農倉，舉足輕重

後壁地區土質肥沃，遠古流傳下來的種稻技術，加上曾文、烏山頭和白河三座無汙染的水庫灌溉出品質一流的稻米，足可媲美西螺米。後壁與鄰近知名碾米廠包括上茄苳的聯發碾米廠、榮興碾米廠；菁寮的芳榮碾米廠；下營的弘昌碾米廠等等，另有稻米重要產區的後壁農會與六甲、官田、柳營等地農會倉庫在稻米產銷上也都舉足輕重。

比如 1956 年在上茄苳創立經營聯發碾米廠的陳水盛先生，很早就以「上水米」註冊，把後壁的良質米推展到全國各地，還打進外銷市場。聯發米廠並且自 1977 年成為農委會農糧署指定為公糧委託倉庫暨白米外銷加工廠。

1933 年出生，已經做米生意逾一甲子的陳水盛先生打了個比方說，外地一般稻田每公頃可以收成 7,000 公斤就算了不起，後壁農戶每公頃產量起碼都在 8,500 公斤以上。他認為，

後壁「米倉」美譽並非虛名。

陳水盛原是嘉義縣水上鄉人，「上水米」取自故鄉「水上」二字，頗有飲水思源之意，而「上水」與臺語「上媠」諧音，語意可說是和和美美的。

「上水米」多年來已推出的品項繁多，包括 2004 年冠軍米種臺粳 9 號「上水胚芽米」、2006 年冠軍米種臺農 71 號「CAS 特級上水米」也是 2012 年外銷日本品項。

筆者回顧，早在 2004 年執筆《後壁香火》期間，陳水盛先生受訪時，後壁已是政府指定的良質米適栽區。他當年就告訴筆者，除了稻米生產傳統、土質及水質等先天條件之外，農民管理用心也是重要因素。特別是土質的保養一點都不能馬虎。一般而言，農民會在兩期稻作之間，種植田菁或油菜等綠肥來維持地力。

2006 年，陳水盛先生的聯發米廠以「上水夢美人」通過 528 項檢驗合格，成功外銷日本，一度成為地方新聞焦點。

「上水夢美人」是個美麗的名號。回顧「上水夢美人」最初打響名號那段往事，陳水盛之子陳建達說，「上水夢美人」是日本中島美雄商社研發的品種。日本人深知嘉南大圳為浮圳，也就是高於地面的水源，沒有地下汙染之虞。日本中島美雄商社一直以來都尋尋覓覓，最終看中了後壁位在烏山頭水庫灌溉水源區與北回歸線 35 度的地理位置，於是決定與在地的

聯發米廠合作契作，並將在地生產的好米銷回日本。

臺日合作，超越傳統生產觀念

聯發米廠從臺日合作多年的經驗中，汲取寶貴的田間栽培技術與農作管理經驗。陳建達回憶。當年中島美雄商社指派日籍美國專家來臺進行田間指導，包括他自己與契作農民都獲益匪淺。特別是田間管理十分重要，陳建達不諱言，他在雙方合作與學習過程中，潛移默化地超越了傳統重量不重質的觀念，更有了放眼世界的信念，激勵了他在往後的經營工作中，不斷力求突破與引進新技術。

平日熱心公益的陳水盛先生，過去曾受政府委託代辦收購，也兼代糧食局業務，包括外銷白米、軍糧加工、營養午餐及公教配給米等。隨著社會型態改變及農業政策轉變，過去那個家家戶戶都有家庭式碾米機的時代，面臨農地陸續轉作高粱、玉米和瓜果，小規模的碾米廠也難生存。此外，農民傳統上收成稻穀都是自己收割、自己日曬再交給碾米廠，後來逐漸改為機械收割，直接交給碾米廠的一貫作業處理模式。

時代巨輪繼續向前，接著，農民不再自己碾米，而是將收成的稻米「寄放」碾米廠，也就是以交換方式，從碾米廠帶回已包裝的白米。碾米廠也全面機械化，以減少人工成本的支出，機械化作業每天可以生產白米100公噸，算是稀鬆平常的。

聯發碾米工廠的上水米產銷專區辦公室十分古樸。負責人陳水盛，身後是他的
Q版畫像。

身為米廠第二代，陳建達直言，米廠
主要以良質米建立口碑與拓展客源。
老字號「上水米」的包裝紙袋很喜氣。

陳建達展示先進的色彩選別機，科技鏡頭鑑別並篩掉劣質米，粒粒剔透優質白
米才能進行包裝上市。

時代變遷伴隨著農耕模式改變

陳水盛先生看著農村蛻變，欣見稻米產業進步了，卻也感觸良多。他觀察到，以前的農村，普遍是年輕人認命地守著土地耕耘。而今，農村都是老人，腳步難跟上現代化，漸漸也「看開了」。只是老農普遍知足，但求收成夠用夠吃就好，於是，休耕或將稻田租人耕作日益普及。但他也強調，農村始終不變的是，農民對政府收購數量與收購價格的期待。

後壁種稻條件優良，但「後壁為什麼不能完全與好米劃上等號？」這是許多農民的疑問，陳水盛先生當時這麼告訴筆者，政府長期技術輔導，卻仍欠缺協助農民推廣與促銷產品，這一直是農民相當盼望的。10 多年過去了，這個期盼又實踐了多少呢？

好水好米外銷日本

2012 年春天，聯發碾米廠「特級上水米」通過日本海外貨物檢查株式會社 591 項農藥殘留檢驗，再度成功外銷日本之後，再與日本新潟縣玉木農園產銷合作，引進日本越光米品種在臺種植，再回銷日本及海外。

陳水盛先生在簽約記者會上曾表示，當時正值泛太平洋戰略經濟夥伴關係協定（TPP）推進當中，日本國內稻米市場面臨開放與國際化，新潟縣玉木農園看準商機而與聯發米廠進行

嘉南大圳貫穿後壁米鄉。

聯發碾米工廠附近的上茄苳水圳旁，保留了洗衣亭的傳統風情。

國際稻米產銷合作，計畫 3 年栽培面積 450 公頃，預計總出口量 3 年累計 600 公噸。聯發米廠還指派第三代陳治豪赴日學習栽培及產製，致力深耕臺日農耕技術交流。

然而，現代人米吃得少了。傳統社會，節慶祭祀旺季，白米是大宗，但社會型態真的改變了。陳建達舉例，過去國人每人每年白米消費量平均約 90 公斤，現代幾乎減半了。住大樓的上班族，因為忙碌而難得在家炊煮，往往擔心米糧長米蟲或變質，就連拜拜也請管理員代購泡麵取代白米。「賣米的比吃米的多！」或許是誇大的感觸，但也傳達了米糧業者的無奈吧！

事實上，一包包的白米除了烈日下揮汗耕耘與收成的辛苦，進入米廠的工作也不輕鬆。選石機之後，經過精米機、水洗拋光等工序，再有色彩選別機，透過科技鏡頭鑑別並篩掉劣質米，一貫化的現代技術支援，粒粒剔透優質白米才能進行包裝，並且上市。

良質米消費仍屬金字塔尖

近幾年受到政策等因素鼓勵，陸續有年輕農民返鄉耕種，但米糧供過於求的問題仍困擾著從業人員。陳建達直言，米廠主要盼以良質米建立口碑與拓展客源，但主要商機在展售會、國際食品展與百貨公司等都會區。良質米仍屬於金字塔尖消

費，而願意花較高價錢買品牌米的小家庭，消費量相對的少。

那麼米食文化如何延續或發揚光大？如何讓年輕人愛吃米？有人建議軍糧、學生午餐要普遍使用良質米，陳水盛先生則認為，軍中和學校午餐主要也都供應冷藏好米了，但消費量畢竟還是少了。在他看來，政府倒是可以積極拓展大陸等地外銷；同時，國內推廣若能加強食米教育，應會有不錯的效果。

陳建達也說，美食節目中廣受歡迎的主持人或廚師代言好米，應有不錯的示範作用。他舉例，傳統市集或古早味美食攤的米糕、碗粿等米食固然仍普遍受到歡迎，但有些為了將本求利而摻入價格較低廉的進口米，老饕固然吃得出口感不同，但一般大眾很難分辨。他認為，由美食節目帶頭教觀眾如何挑選好米、煮出好吃的米，又如何辨識傳統米食小吃用的是什麼米，怎麼樣的口感才是好吃，應能帶動大眾對米食更有要求，進一步影響小吃或餐館業者用米更為講究。

第三節　老碾米廠與臺南好米

臺南大米倉，特別是後壁與鄰近地區許多老米廠都是一同挺過那個艱鉅的轉型年代，像是芳榮米廠，於 2016 年推出「禾家米」，與崑濱伯冠軍米光環相輝映，並且持續打造不同的品牌好米、擴大與農民合作的利基。

在米廠的眼中，臺灣米的品質在世界上數一數二，但是價格相對的高，2002 年臺灣加入 WTO 之前，農政單位政策已開始因應開放市場將帶來的價格戰爭。

位在菁寮的老碾米廠，芳榮碾米廠老闆娘黃麗琴回顧臺灣開始討論加入 WTO 之初，一般農民並無法意識到危機降臨。她直言，「我們在商場上已嗅到轉型政策的重要性，我們也意識到需要在品質上站穩腳步，以品質取勝，進而爭取大眾認同在地、消費在地。」2004 年農糧署開始推廣稻米產銷專業區，為農村與臺灣米開創新路，芳榮米廠一開始就起而回應，希望偕農民一起種些特別的米。

米廠攜手農民迎戰便宜進口米

一開始，農改場就提醒，「良質米好吃，但不好種！」但米廠深知，若不改變，就無路可走了。被問到米廠過去給人的印象，不是與農民的立場對立的嗎？她笑著答說：「但若站在臺灣米與外國米的角度來看，米廠和農民有共同要應戰的對象：那就是便宜的進口米！」她回憶，一開始首推益全香米「禾家米」，推廣的面積不敢多，她就充當橋樑，搭起農民與消費者的橋。

確實，益全香米的梗細，若用肥不當就易倒伏，因此稻穗飽和度的拿捏相當費事。過去慣性農法，田間用藥施肥已成劣

性循環，良質米栽培則是以減肥減藥為重要目標，也因此必須加強管理與田間視察，收割前還必須採樣、送驗。固然，面對這樣的農法，農民常笑稱：被綁手綁腳，但唯有這樣才能種出好米，又兼顧農民健康與消費者食的安全。

無米樂與冠軍米紅了米鄉

時機給了後壁一個受到注目的機會！繼《無米樂》紀錄片紅了菁寮聚落與後壁米鄉，2006 年無米樂主角之一的崑濱伯拿下冠軍米榮銜，更讓農民與米廠士氣大振。這一役，包括崑濱伯和良質米栽培打頭陣的農民也是經過 5、6 年才漸漸習慣的。促使農民改變與習慣的一大因素，特別是因為收割期遇上雨季，所有稻穀都進了米廠，農民就安一百個心了。

黃麗琴幽了一默說，相對的，這時候米廠可犯愁了。全廠沒日沒夜地工作，就為確保稻穀品質。但也就是在危機中，芳榮米廠結盟其他區域米廠代工，藉以確保品質，也建立完善的產業鏈。她解釋，水稻黃熟是從南部到北部，北中南地區的米廠農忙期間巧妙錯開了，因此不同區域的米廠之間，有了良性競爭與緊密合作的空間。

10 多年過去了，芳榮米廠旗下的專業區一期作面積到了2019 年已增加到 200 公頃，主要有新嘉、菁寮與新營地區的小農加入，近來也有返鄉青年積極詢問加入。芳榮米廠期待與

農民共存共榮的經營理念有了具體的落實。

芳榮米廠源自日本昭和時代，那時由多人合作經營，那是個配給米的時代。米廠直到 1973 年獨資正名芳榮米廠。黃麗琴說，早期碾米廠競爭壓力大，芳榮靠農藥起家，也由於長年經營農藥店與農民建立了密切互動，觀念溝通渠道也較為暢通。

話說農政單位因應國際局勢改變，積極推廣良質米，最初舉辦的比賽主要由農民的田間評分為主。但業者反應，整個稻米產業中，後端加工也是好米的重要元素，米廠的角色才逐漸受到重視，農糧署亦開始認同米廠在市場流通與行銷上對於推廣好米的角色。於是，農糧署也推出米廠比賽，鼓勵米廠做為消費者選好米的平台。

芳榮碾米廠負責人張柏亮、黃麗琴伉儷長年推廣益全香米，2016 年推出的是自有品牌「禾家米」，初次參與「精饌米」比賽就入選前五名；2017 年再推「禾雁米」摘下冠軍；2018年仍獲得季軍殊榮。

曾引起熱烈討論的「禾雁米」，特色是養田間鴨除蟲害，進行有機栽培。由於日本越光米不適種於臺灣，臺南市積極推廣臺南 16 號越光米，到了 2018 年已有了不錯的成果。臺南農改場開發的臺南 16 號，採日本品種改良出屬於臺灣的越光米，既保留了日本越光米的嚼勁軟綿口感，又能適應臺灣氣候，連

日本人吃了都說好吃！芳榮米廠也順應潮流，致力推廣這款越光米。

　　黃麗琴不諱言，在地中小型企業名氣小，一開始推展通路受到的阻力不小，參加比賽不但可以直接訴諸消費者，創造口碑相傳，也能帶來正向循環。但米廠仍必須考量成本，因此，多年來，芳榮米廠仍以宅配為主要通路。

芳榮碾米廠老闆娘黃麗琴，展示臺南 16 號臺灣越光米，還有自家研發的香米餅。

海苔和甜口味的香米餅頗受喜愛。

農民是財神爺、是恩人

回顧投入稻米栽種專業區的初衷，黃麗琴說，她的先生張柏亮告訴她：「農民是咱的財神爺，是恩人，如今有了轉型契機，必須要有農民一起投入，才有力量！」再有，張柏亮自覺嘴笨，不懂得說話，一般而言，下游米行老闆靠口才吃飯，他認為自己做不來，而且要他討價還價實在是太累的任務。所以，他必須讓品質說話，以品質爭取市場。

然而，在行銷通路上，大批發市場銷量大，卻利潤小，要消費者認同的話，就必須借助媒體與廣告，但也相對壓縮了利潤空間。也就是說，跨足批發，這門檻十分辛苦。這時期，《無米樂》紀錄片效應給菁寮帶來了新的時勢，農村故鄉旅遊成了最佳行銷，也給中小型米廠直銷的力量。

然而，國人吃米量銳減，黃麗琴直言，國內生產的水稻已形成供需不平衡，只是擁有政策支持，至少不會崩盤。她進一步表示，臺灣的粳稻軟黏，而東南亞秈稻鬆綿，後者可用來做豬頭飯，但華人多半吃不慣。所以說，臺灣米最大的市場應是在對岸，假如有一天臺灣加入 TPP，保護政策仍需退場，臺灣米如何留住穩定的消費群，並且創造更多元的米食產品，延續米食文化，自然是這些年國內一直在努力的，也是必須加強的工作。

近幾年，陸續有老米廠第二代接棒，芳榮米廠張柏亮與黃

麗琴之子張竣維（1992年出生），從小耳濡目染，大學畢業後也開始學習從基礎做起，投入傳承。

此外，芳榮米廠也試圖創意行銷，例如以「保證責任臺南市無米樂特色產業生產合作社」為出品人，透過財團法人中華穀類食品工業技術研究所輔導，研發米香餅。老米廠利用益全香米製作不同口味的黃金香米餅，希望鼓勵國人除了主食之外，點心零嘴也能多吃米食。

稻米之鄉後壁與鄰近地區碾米廠與「臺南好米」契作品種

臺南市政府農業局農漁畜產行銷網

參考日期：2019年6月30日
網站刊登日期：2013年1月21日
更新日期：2019年5月10日

六甲區農會
地址：六甲區建國街13號
聯絡電話：06-6983630
契作品種：臺南16號、臺南11號、臺梗9號

後壁區農會
地址：後壁區後壁里97號
聯絡電話：06-6361844
契作品種：臺農71號、臺南11號

新營農會
地址：新營區埤寮里中正路430巷112號
聯絡電話：06-6320250
契作品種：臺南16號、臺農71號、臺南11號

芳榮米廠
地址：臺南市後壁區頂長里長短樹 1 號
聯絡電話：06-6622149 / 06-6622749
契作面積：288 公頃（兩期作）
契作品種：臺南 16 號、臺農 71 號、臺南 14 號

豐裕米廠
地址：臺南市白河區頂秀祐三民路 668 號
聯絡電話：06-6832778
契作面積：160 公頃（兩期作）
契作品種：臺農 71 號、臺南 11 號

德昌米廠
地址：臺南市柳營區人和里雙和路 107 號
E-Mail：take511c@yahoo.com.tw
聯絡電話：06-6221222
契作面積：410 公頃（兩期作）
契作品種：臺農 71 號、臺東 30 號、臺南 11 號

弘昌米廠
地址：臺南市下營區賀建里下橋頭 1-9 號
聯絡電話：06-6899139 / 06-6892138
契作面積：506 公頃（兩期作）
契作品種：臺南 16 號、臺農 71 號、臺南 11 號、臺粳 9 號、臺東 30 號

榮興碾米廠
地址：臺南市後壁區嘉田里上茄苳 3-7 號
聯絡電話：06-6881147
傳真：06-688-2783
契作品種：臺南 16 號、臺農 71 號、臺東 30 號

保證責任臺南市晶瑩玉饌農特產品生產合作社
地址：臺南市柳營區柳營路 1 段 575 巷 152 號
聯絡電話：06-6221602
契作面積：13 公頃（兩期作）
契作品種：臺農 71 號、臺東 30 號

第四節　農會出好米與節慶包裝米

臺灣加入 WTO 之後，進口蔬果對國內農產品造成衝擊，促使臺灣農產品走向精緻化轉型。而「一地一特產」的農業政策激勵農民紛紛成立品牌，像是新化「瓜瓜園」品牌 10 多年來仍維持高人氣，各地農會也紛紛推出精緻好米做為年節伴手禮，這股潮流持續在稻米之鄉擴散。

臺南地區的包裝米品牌推廣持續開展，卻也不輕鬆。如何取法農產品行銷先進國家，例如日本將壽司米食推展到世界美食舞臺，臺灣或比如說臺南常民米食滷肉飯、碗粿等等，是否已形塑為米食文化的美麗一頁？

「日本將越光米形塑成世界最好吃的米，法國人將葡萄酒從佐餐飲料，提升至文化藝術境界，進而推廣成為全球品味運動。這些國際性的成功例子都顯示，將農產品與創意結合，善用行銷技巧，農產品也能擺脫土里土氣的傳統面貌，成為名揚國際的種子。」經濟日報記者李至和的報導，敘述世界各國以農特產品形塑為國際知名品牌，相當值得借鏡。[2]

近幾年，臺灣各地農會、企業或米廠，甚至農民以創新包裝行銷農特產品，各大超市架上商品琳瑯滿目。南瀛主要稻米生產地區，不乏品牌好米並且已打開市場知名度，為米食文化

2　李至和，〈商業情報〉，《經濟日報》，2008.2.27，第 G7 版。

融入新的元素。如芳榮米廠的「無米樂系列禮盒」與新營農會開發的「太子麻糬」，都曾於 2008 年臺灣燈會榮登「南瀛十大經典伴手禮」。

嘉南大圳將看天田滋潤為平疇綠野，遍地稻香，包裝米在時代潮流中，逐漸蛻變為創意伴手禮，並且重回人們的生活文化中。

咱ㄟ米，後壁鄉的蘭麗米

《無米樂》紀錄片與 2006 年全國冠軍米得主崑濱伯（黃崑濱）打響了的嘉南平原稻米之鄉。後壁農會趁勢以冠軍米為號召，使得「蘭麗米」、「蘭麗香米」幾乎與烏樹林蘭花齊名。

蘭麗米與行銷名稱「咱ㄟ米」（咱的米）諧音，後壁生產的「蘭麗米」、「蘭麗香米」及「後農米」（臺農 11 號）逐漸打出品牌名號。其中，蘭麗香米就是崑濱伯獲全國評鑑第一名的臺農 71 號「益全香米」，俗稱「71 號仔」，後壁農會以「蘭麗香米」做為品牌名稱迄今，淡淡芋頭香的吸引力歷久不墜。

同樣擁有碾米廠的後壁農會，也與農民契作，從秧苗、農藥、施肥到收購都由農會輔導，並且為品質掛保證。擁有 CAS 的「咱ㄟ米」夾冠軍米之威，使得後壁農會由糧倉打造的展示場猶如驛站，各地遊客絡繹不絕，大陸消費者也愛。

但後壁農會供銷部主任林明豐表示，品牌好米售價略高於

後壁區農會供銷部的展示場佈置成古樸穀倉。
農倉外牆彩繪十分有在地特色。
後壁農會的品牌好米「蘭麗米」；以土地公為設計標誌的祭祀包裝米，禮盒包裝
米還有「福神好米」及花布袋裝的「福神好米」。

農會人員強力行銷蘭麗米。

一般市售白米，市場除了觀光客和網購，主要還是集中在北部消費族群。

歷經多年的時代變遷，農糧署積極推廣與農會小組長下鄉交流，農民的接受度也逐漸提高了。林明豐直言，「當別人每分地收成 18 刈（每分地大約 1,800 臺斤），我才收成 13 刈，」自然也有了想跟進的誘因。

近年來農村漸漸有專業青年農戶投入耕作或代工，這是可喜的趨勢，也逐漸帶動老農的觀念改變。話題回到專業，林明豐說，後壁米鄉大片土地劃定農業專業用區，農民生計就靠種米，也可以說種一期要大半年。農業專業用區的土地，好比被綁手綁腳，就是靠種米，不像建築用地還有價格波動。何況，政策的規劃與鼓勵所種得的良質米，未必有優勢。怎麼說？他表示，專業區收成的米與非專業區的米，收購價幾乎相同，未

必能得到青睞，在市場上自然難與一般白米做價格競爭。

現代人白米吃得少

林明豐就認為，現代人白米確實吃得少，但軍糧和學生午餐少不了白米，政府若能透過政策與推廣，行銷良質米，從日常培養健康吃、安心吃的米食文化，不是一舉數得嗎？

此外，林明豐也強調，適地適種也極為重要。目前仍有許多窪地種稻，窪地多位在水源末端，俗稱水尾，福壽螺危害最為嚴重。為免每次插秧後，嫩芽就被啃食殆盡，農民只好留根頭，等著重新長新稻，也就是俗稱的「留二年」。留二年的產值產量自然降低，但農民一輩子種稻，稻根留二年也是無奈。他認為政府或可考慮鼓勵轉種玉米，一來幫助農民適地適種，二來不用仰賴玉米進口，進而能提升整體稻米產值與競爭力，也能更全面地擦亮稻米之鄉的名號！

如何讓國人多吃米？

至於如何讓國人多吃米？林明豐認為，都會和鄉下飲食仍有明顯差異。鄉下人，特別是農民、勞動人口仍得吃米才吃得飽；都會區飲食多元與西化，若不能讓吃米食變得更便利，再苦口婆心都難有成效。倒是透過美食節目或廣告，多多宣傳好米與米食料理，也不無號召力！

赤山米，烏山頭灌溉的好米

六甲農會引用烏山頭水庫的灌溉水，經過一貫化田間管理，栽培的良質米越光米，品質素有口碑。小包裝赤山米也受歡迎，尤其是紅色禮盒裝的越光米可以取代喜餅伴手和年節拜拜祭禮，廣受青睞。

最早推出的印有「禧」字的越光米紅色禮盒，造形精美且攜帶方便，許多消費者在禮盒袋內加放一盒喜糖，就能取代喜餅分贈親友，頗有特色。迎合民間尾牙、頭牙拜拜要準備米，過年拜祖先也要準備米飯，5公斤、10公斤裝的「發財平安米」很討喜，六甲農會供銷部和林鳳營倉庫銷售點都很熱絡。赤山米系列的臺稉9號[3]主打「吃好米，讓心都亮起來」；烏山頭好米還曾經印有烏山頭水庫天壇建築的精美提袋也受歡迎。

六甲一期作稻米面積近300公頃，也算是臺南的重要稻米產區。六甲農會供銷部主任張明文說，六甲緊鄰烏山頭水庫，擁有最佳灌溉水源，多年來一直與弘昌、芳榮及新營農會等單位強力推廣臺南16號臺南越光米。這支稻米由臺南農改場改良成功，由日本越光米與臺農67號改良而來，日本品種成分佔了95%，卻更適合臺灣氣候。

2018年臺南市政府舉辦臺南16號臺南好米競賽，團體獎

---

3   教育部國語辭典中，「稉」米，稉字讀音ㄍㄥ。「稉」應為「粳」字之慣用字。

六甲區農會積極行銷品牌好米，多年前就推出烏山頭好米，並且主打烏山頭特色的財運平安米、赤山米系列「台稉 9 號」受歡迎、還有多家米廠與臺南市政府配合推出的「臺南越光米」。

由六甲農會獲得特等獎，頭等獎林水文與優等獎林國良也都是六甲農友。

六甲農會與農友契作面積 2 年增加到 10 公頃，農藥與肥料都由農會提供，同時也掌控減肥減藥栽培，收割後的稻米必須通過品種及藥物殘留等各項檢驗，積極邁向安全友善農業。

六甲昔日是燒窯重鎮，越光米有嚼勁

六甲昔日是燒窯重鎮，屬於黏土土質，種植的越光米有嚼勁，冷了也不輸日本壽司米，售價較高，在中北部也漸漸受到消費者肯定。六甲農會在花博與臺北「希望廣場」展售成績很不錯。

六甲農會推廣良質米為期已久，像是 2010 年間就推廣的臺粳 9 號，口感廣受歡迎，契作面積已達 30 公頃。

曾獲得良質米評鑑特等獎的六甲稻農許福堂，昔日在評鑑會上就曾經自信地表示，嘉南平原的六甲米絕對不輸池上米。早在 2004 年 12 月農糧署輔導舉辦的良質米評鑑獲特等獎的許福堂，當年 52 歲，獲得特等獎，等於取得翌年全國冠軍米比賽入門票。筆者當時採訪時，對他的理念印象深刻。他說自己 10 多歲就學耕作，年近五旬開始落實精緻農業，他認為，要種好米首重經驗、專業輔導，還有農民一定要有重質不重量的觀念，而且透過產銷班輔導和行銷是必走的路。

2004 年 12 月間，在六甲舉辦的一場米糧評鑑，評審仔細鑑別稻穀品質、進一步品嘗白米飯的優劣。

當年獲良質米評鑑特等獎的六甲稻農許福堂說，嘉南平原的六甲米絕對不輸花東的池上米。

當時擔任農糧署分署長的蕭政義鼓舞農民，臺灣米必須要以品質打入國際市場，那一年是臺灣睽違 30 多年之後首度成功外銷，主要銷往日本。他勉勵六甲米、臺灣米能重振昔日風光。當然，農民要更加強稻米品質、用藥管理、落實產銷制度、注重田間管理，以及農改場要持續提供最佳品種，才能共創榮景。

今日六甲農會持續致力推廣好米。相較於大眾化的赤山米臺南 11 號每公斤 34~35 元左右，精緻好米如越光米小包裝每公斤大約就要 150 元，中北部較有市場接受度，忙碌的小家庭米吃得少，也願意以較高一點的價錢吃好米。

張明文直言，花東甚早推廣好米，已在國人心中留下花東出好米的印象，六甲農會為打破消費者既有印象，總是電鍋帶上，現場煮食供消費者品嘗。行銷效果出奇地好。

消費觀念改變帶動農民耕作習慣改變

時代不同了，好米以質取勝，藉此推廣友善耕種，漸漸扭轉過去以量取勝的觀念。此外，契作兼顧銷售，漸漸提高了農民的意願，甚至搶著要與農會契作。在消費端，大眾也願意花高價買安心，也可以說，消費觀念的改變，也帶動了農民耕作習慣的改變。

六甲農會為好米下足功夫，除了對外行銷，直接訴諸消費

者，也推好米認證，斥資推生產履歷 QR Code，同時也推廣米食多元文化。例如副產品以臺南 16 號與玉米澱粉製做的炊粉讓消費者吃了不擔心礙胃。另外也要積極研發米果等即食點心，增加現代人吃米食的意願與機會，進一步進軍生技化妝品，提高米糧的附加價值。

查畝營ㄟ米，柳營也種良質米

柳營農會稻米產銷班也推出伴手禮—「查畝營ㄟ米」（查畝營的米）。農民多年前遠赴臺東觀摩，成立產銷班，以臺東 30 號米種出來的好滋味，吸引大糧商買來當壽司米。柳營科工區企業認養，更讓柳營好（好米）走紅。

柳營舊名「查畝營」，「查畝」是鄭氏或清政府查察田畝的軍營所在，擁有德元埤水庫供應的好水所灌溉，所產的新種良質米，經昔日的臺南縣政府協助設計包裝，主打「查畝營ㄟ米」，結合乳牛產業一起行銷，曾為「南瀛伴手禮」新品牌。

秈米，歸仁推出在來米包裝米

紅瓦厝與黃金稻田，是藝術家林智信兒時家鄉最美的記憶與印象。紅瓦厝是歸仁舊稱，昔日也曾有遍野稻田。歷經時代變遷，今日歸仁給人的印象是釋迦產地，同時，近幾年歸仁區農會積極推廣當地適種的秈米已有成。

秈米也就是製作碗粿、年糕等米食的主要原料在來米，並且於近幾年陸續推廣小包裝米，適合做為伴手禮與迎合小家庭的需求。

農會積極推廣在來米米食並且嚴格要求品質管控。歸仁區引進秈米已有 40 年，土質與抗病力都很適合，只要管理得宜，產量就很穩定。歸仁也曾試種俗稱蓬萊米的粳米，但成果未如預期，因此主推「臺中秈 10 號」長米。

其實，臺灣在引進蓬萊之前，普遍種植並食用在來米。在來米煮後粒粒分明，特色是高纖、低澱粉，煮好的米飯有淡淡甜味，是許多米食點心的主要原料，而且經常供不應求。歸仁目前推廣面積已約 360 公頃，稱得上臺灣重要的秈米產地之一。

歸仁區農會也與嘉南藥理大學餐旅管理系、在地農業志工合作推廣食農教育，例如 2019 年 6 月就指導與協助紅瓦厝國小舉辦「米食創意饗宴——米樂飯糰 DIY」，而廣獲媒體報導。

柳營區農會推出具在地人文特色的「查畝營ㄟ米」。

新營農會以「米之美」包裝行銷多種品牌好米，並且展售各種農特產與米糧相關產品。

南瀛（原臺南縣區）主要稻米產區包裝米伴手禮

項目（真空包）	建議售價
蘭麗米禮盒 （臺稉 9 號）	南瀛農會包裝米供銷部 後壁區農會供銷部 臺南市後壁區頂安村 300 號 營業時間：每週一至週五 08:00-16:30 預約及訂購電話：（06）6376380、0911088959
蘭麗（香）米 喜字提袋包裝	
蘭麗香米 （臺農 71 號）	
赤山米系列 臺稉 9 號晶鑽米	六甲區農會供銷部 臺南市六甲區中山路 325 號 洽詢電話：（06）6983628、6983630。
越光米禮盒	
財運平安米	
查畝營ㄟ米	柳營區農會 臺南市柳營區柳營路 2 段 77 號 洽詢電話：（06）6221248
精選新農米	新營區農會 臺南市新營區中山路 123 號 電話：（06）6351611。 營業時間：09:00-15:30 網址：www.sinying.org.tw
新瀛香米	
米之美禮盒	
太子麻糬禮盒	
歸仁秈米	歸仁區農會 臺南市歸仁區中正北路 1 段 171 號 電話：（06）2302101

內容更新以各農會為準

第五節　米行新生代碾米趣與創意糧米生意

　　稻米產業的變革，曾給農村帶來莫大衝擊，激勵了農業轉型，並且吸引許多年輕人返鄉繼承衣缽。特別是有些老碾米廠與米行後繼有人，甚至不乏高學歷或高科技業的稻米傳人。他們分別回到自己的家鄉，接下米廠、拾起機具或創新米行，為米鄉帶來新的行銷模式、消費習慣，間接也為米食文化注入活水。

　　例如榮興碾米廠的賴承麟與弘昌碾米廠的曾耀彬都擁有碩士學歷，他們都在傳統碾米廠面臨進口米競爭洪流中傳承並且自創品牌好米，也努力產業轉型，盼能開創新局面，為米食文化創造新的可能。

　　1979 年出生的賴承麟，東吳大學企研所畢業。服完兵役後，他因為不忍八旬祖父已無法耕種，而父親也還守著榮興碾米廠，幾經思索，2005 年決定返回後壁種田。從書堆裡栽進稻田，賴承麟深刻體會「看天吃飯」的道理，也下苦功夫而於 2012 年榮獲十大經典好米。

賴承麟，碩士返鄉當農夫

　　開始學當農夫的賴承麟勤於找資源，做學問，看氣象，利用現代化技術克服天候影響；同時間也努力當個稱職的碾米廠

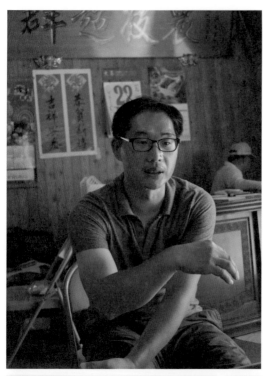

從書堆裡栽進稻田，賴承麟深刻體會「看天吃飯」的道理。他栽培的 71 號益全香米於 2012 年榮獲全國「十大經典好米」，並且積極推廣品牌好米與精緻包裝伴手禮，強調「有米無米，一畝田種好稻」。

小老闆，更能體會米商與農民間不同的立場、思維，也更了解市場機制。在田間他也不時從手機掌握天氣資訊，試圖以現代技術，因應氣候的影響。

回顧他初返鄉之際，正值農委會推行稻米產銷專區。他善用政府資源，勤於到農改場上課並且到處觀摩交流，耐心地逐漸地弄懂種稻的大學問，從施肥、田間管理到用藥管理，樣樣不馬虎。他意識到，同一品種稻子種久了，病蟲害就會變多，於是不斷嘗試新品種，品種多樣化成了他的特色。[4]

榮興碾米廠創立於 1991 年 4 月，主要服務對象是中、大盤商。過去大盤商自己有貨車與司機負責前往米廠載米。然而產業結構改變，米糧供過於求，中間鏈若越長，競爭壓力就越大，於是中盤逐漸式微，漸漸蛻變為米廠對大盤銷售端服務。唯有些特殊客戶，賴承麟仍費工自己送貨。

也就是說，載米工多為 50、60 歲，已面臨人力短缺，賴承麟說，未來載米若必須仰賴物流，成本將大幅提高。

訪談時聊到了米商與農民之間的習題，他直言，米商與農民站在對立面的這種說法，在他看來，那是誤解。實際上是，雙方立足點不同，米商要考慮的是成本與銷售，而農民考慮的是價格。米商常被形容是剝削，但米商獲取的是後端利潤，價

4　〈新農人新典範〉，臺南市政府農業局網站，參考時間：2018 年 4 月 26 日。
　　網址：https://agron.tainan.gov.tw。

格空間有限，而且公糧價格已訂，米商參考的是公糧價格；而米廠到通路商之間的價差並非米商賺走，並不適合歸入米廠利潤來看。至於通路商，他說，通路商也需要利潤。他初返鄉耕耘那幾年，見網路上有人談剝削，他就會想上線去反駁或解釋，他也常見年輕同業上去討論或回應，但往往直接被貼上「是糧商！」的標籤。

但他如今心境不同了，他在米商的崗位上，同時也投入耕作，更深刻理解到產業是複雜的供需問題。他舉例，市場上期待以價制量，傳統上農民追求最高產量，農民與米商在認知上是有落差的。他常提醒自己，一旦體認到農民的辛苦付出，面對一切評判時，也就能夠釋懷了。

話題回到他初回到家鄉，那是 2005 年，農委會正推行稻米產銷專區，地方上積極響應推廣益全香米。加上崑濱伯得到冠軍米的風潮，他也跟著參與改良場的相關課程，增加水稻專業知識與技能。

年輕人種出好米，益全香米獲十大經典好米

最初，家鄉父老都好奇這年輕人能玩出什麼花樣，甚至質疑他施肥太少，能有什麼產量？然而，他執著於追求好品質勝過產量，他形容等候收成的心境就像打球的人打到滿身大汗，一旁的人可能都覺得何必那麼累，但當事人卻樂在其中。

不僅如此，幾年下來，他已能從天氣形態觀察並調整田間管理與栽培技術，盡力將天候的影響減到最低。辛苦耕耘 6 年之後，賴承麟栽培的 71 號益全香米於 2012 年榮獲全國「十大經典好米」，那年他才 33 歲，而且創下歷屆得獎者「最高學歷」新紀錄。

獲得十大經典好米比賽的外溢效果，讓他在地方上被看見了。但他也開始思索，我們種出好米，但要如何區隔市場，如何克服名氣帶來的負擔？於是他開始嘗試不同品種，也研究不同的栽培方法。

頂著碩士農夫光環，他始終說自己「還在學習中！」並且謙稱，獲選十大經典好米有一半是運氣好，就因為他預期天候不佳而臨時決定提前收割，才免於接下來的連日下雨之災。

為了做出市場區隔，賴承麟除了耕耘祖父的 7 分地，還與其他農民契作，而且採取產量與品質脫鉤，也就是以面積契作，事先約定好價格，農民只管耕種，而由賴承麟嚴格管控品質與用藥安全。時值 2013 年稻米可以外銷中國大陸，農藥殘留問題面臨嚴格考驗。賴承麟的契作方式更能有效掌握品質安全性，風險由自己承擔，對農民更有保障。

他坦言，獲得十大經典好米以及不一樣的契作模式，在鄉間創造了話題，也帶動了新的產業方向。但他在管理上必須更加努力，承擔的風險也相當沈重，例如寒害或颱風都讓他吃足

苦頭，也曾血本無歸。加上現代農作包括施肥用藥等，多仰賴代工，代工業者將本求利，他都必須費心與之磨合出最合理的合作模式，才能共存共融，互利共生，創造多贏局面。

一套新的契作模式

賴承麟希望，他種植推廣的米是有社會責任的好米，因為他深刻意識到農村生產年齡老化，從事耕作的農民年齡在 60 至 80 多歲，「所以我們設計了這一套新的契作方式，以正常年的淨收益為基礎，保障農民收益，讓農民與產量脫鉤，無須擔心收成與天氣災害。所有農事管控由廠方派員，以科學化的方法管理稻田，老農只負責例行性農業工作，例如除草、汲水、巡田等。農民有了穩定的收入，又可以與相處數十年的稻田連結在一起，種出來的米既安全又有高品質。」

「有米無米，一畝田種好稻」是他推廣「瀛光米」文宣上的口號。臺南 16 號「瀛光米」符合外銷中國大陸規格也獲 2017 年臺南好米競賽特等獎。多年來，他積極深耕在地並拓展海外市場。在推行科學化管理並且以人工除草、用在地菌自製菌水（液肥）的自然友善大地栽培農法的過程中，他曾歷經慘賠，但也未輕言放棄。歷年來，他仍不斷推出多樣化品種與不同品牌的好米。

回饋土地，指導菁寮孩子種稻子

除了提供與農民互惠的契作模式，客製禮盒，賴承麟進一步亟思回饋土地。他曾在菁寮國小指導學童種稻，帶領孩子區分自然農法及慣行農法，落實生態環保教育，也讓學生了解稻米粒粒皆辛苦，促成了學童米，創造菁寮國小自有品牌特色並且吸引企業認購。他也在當地永安國小合作彩繪稻田等體驗活動，試圖為稻米文化開闢新的可能。

而位在下營，1980 年創立的弘昌碾米工廠，在傳統碾米廠紛紛不敵進口米的大環境中，已傳承至第三代，並且轉型自創品牌「大力米」，再擴展設立「宜立禾米舖」，成功跨足禮品市場，創造米食新的消費文化。

也是碩士返鄉，曾耀彬投入「大力米」

弘昌第三代傳人、擔任業務經理的曾耀彬，擁有臺大碩士學歷，原任奇美電子工程師，大約在 2010 年因緣際會，選擇回家幫忙父親與兄長，全心為白米開創不一樣的路。

弘昌碾米廠創建於曾耀彬的祖父一代，傳到父親時呈現負債，父親費好大一番心力才慢慢讓米廠翻生。但傳統碾米廠實在難以為繼，一直到 2005 年，農糧署推廣稻米產銷專業區，激勵糧商自推品牌，曾耀彬的兄長們以卡通「大力水手」為發想，主打「大力米」品牌。然而初返鄉時，他才驚覺傳統米糧

在下營與六甲都有廠的弘昌碾米廠契作面積相當有規模。業務經理曾耀彬懷抱創意行銷的理想，像花布袋為「喜米」添喜氣、「幸福抱稻」小包裝米伴手禮很巧思、各式各樣花布袋包裝深受新人喜愛。還有以土地公、媽祖等Q版神像為設計包裝的祭祀米都頗受歡迎。

土地公與各地宮廟主祀神明為設計的小包裝很討喜。

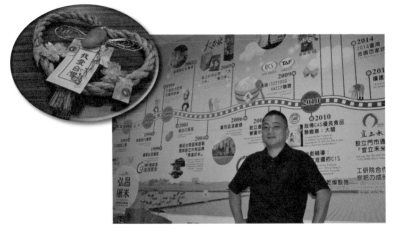

從牆上的大布幔，曾耀彬細數弘昌碾米廠的創新改造歷程。另外，小朋友體驗耕作同時，弘昌碾米廠還與臺灣稻藝工坊合作帶領孩子 DIY 辟邪飾物「注連繩」。

事業沒有想像中容易，更由於自己在電子業的經驗，對於一座廠的成本與營收數據有了實務理解，和父兄討論起自家米廠的營收狀況，不管用誰的經驗值，成本都居高不下。於是他必須思索未來如何打開通路以及「傳統碾米廠的下一步怎麼走？」

曾耀彬的大哥、二哥分別擔任廠長、副廠長。曾耀彬最深刻的衝擊是 2010 年間，他返家幫忙開貨車載運 80 包 30 公斤裝的白米外出兜售的經歷。當時手上並沒有訂單，他就一家一家地拜訪，有個太太是新客戶，很客氣地跟他閒聊了半天，他記憶中是從下午 1 點多聊到 5 點多，最後報了價被嫌貴。他打電話跟父親討論，父親的答覆是：「一包米你看若能賺個 20、30 元，就可以賣了……。」

他大嘆：若依照父兄的經驗法則，賣米的利潤實在少得可以！但在父親心中，老米廠的重要價值更在於服務老客戶及養活店家與所有員工。於是他決定投入禮品市場並且自 2011 年邁入婚慶文創產業，運用多年就業經驗，確立客製化禮品白米的行銷策略，開拓結婚、節慶與祭祀等特殊時日與送禮需求。2015 年在永康開設的門市「宜立禾米舖」，由二嫂魏盈宜負責門市通路；他和大嫂朱雅寧擔任業務經理，持續拓展本業與開發新市場。

小包裝一等米搭配喜餅禮盒，結婚、祭祀熱門伴手禮

但要如何才能讓客人願意掏腰包？他開始從包裝著手。一開始，他先以小包裝白米試水溫，順利獲得迴響，進而設計精美禮盒，光是「囍米」就多達 10 餘種並且每年推出新產品。米舖更進一步客製化，為客人在包裝上打印姓名、照片。

　　當今年輕人不全然愛吃傳統喜餅或新式喜餅，但又必須迎合長輩對禮俗的尊重，為此，曾耀彬設計了喜餅搭配白米禮盒，兼顧結婚禮俗又具巧思。於是，婚嫁禮俗送喜糖、送紅包、喝茶禮或大小訂禮，都有客戶願意改變想法，以精緻包裝喜米取代傳統禮品。小包裝米附加價值提高了，最重要的是，米廠所用的米不是臺粳 9 號就是越光米等高單價一等米，而且一定是廠裡的前三名好米，還能提供生產履歷與好米介紹，一旦收禮者吃了這包米，就能創造回購率。一場婚禮往往有 200 至 300 人，這些就是潛在客戶。

　　但遇上了結婚淡季怎麼辦？他就結合民間信仰需求，力推「抱稻平安」平安米，或以神祇圖騰設計禮盒，提供節慶或祭祀用途。另有招財進寶包裝白米，過年送禮也是熱門商品。米廠還代製股東紀念禮品、神明公仔小包裝米贈品等等。

　　宜立禾米舖精選自家弘昌碾米廠與農民採取「專案契作」的在地好米，每樣產品均通過 SGS、CAS、HACCP、ISO22000 等檢驗。除了自主抽驗快篩，農糧署也會不定期抽驗，每一期不固定價格，農民負責耕作，由廠方全權管理把關，一旦不符標準就整批報廢的雙層把關高標準，就是要確保競爭優勢與永續發展。如此一來，也能有效改變耕作習性。

　　弘昌碾米廠同時與六甲農會、新營農會、芳榮碾米廠、榮興碾米廠等廠家與臺南市政府搭配出品良質米「臺南越光

米」，弘昌碾米廠也推動有機種植，幾年下來，宜立禾米舖已打開網路知名度，網路和門市禮品米消費量佔了 7 成。曾耀彬同時也與知名飯店業者合作一日農夫體驗。小朋友體驗耕作同時，也提供辟邪飾物「注連繩」DIY。[5]

他發現，食農教育有其價值，孩子們體驗插秧或下田之後所做的飯糰都吃得津津有味，家長也因為覺得米好吃而當場採購。幾年下來，他的理想實踐了多少？曾耀彬直言，「很慢！」但畢竟，米仍是我們的主食，時代如何更迭，一般人尤其是農業地區對於祭祀與嫁娶禮俗仍絲毫不馬虎。他自信地說：「禮品包裝米的商機是在的。」

青農這條路並不好走

新農人有成功的經驗，但也有不敵現實條件，一路跌跌撞撞而毅然放棄。過去筆者曾經採訪一位同樣是高學歷返鄉青年花了多年時間，終於讓父母改變農耕方式，擺脫慣行農法而轉型有機稻田，進而推出自有品牌，建立口碑。

「父親每次都要在炎熱高溫的氣候下，穿著雨衣噴農藥，根本和吸毒沒兩樣。」這是青年對父親的不捨。而青年的父親

5　「臺灣稻藝」執行長張淑娥 2013 年起，以下營為基地成立的「臺灣稻藝工坊」，結合嘉南平原農村資源與社區中高齡人力製作「注連繩」銷日，創造了稻草經濟模式。

在受訪時直言：「一開始聽到兒子竟然要回鄉下來種田，我差一點昏倒……」但他相信兒子的選擇，放手讓兒子去闖。

這一家人有個理想：「要讓臺灣人也能吃到平價的有機米。」但青年也意識到，若走傳統通路，產銷問題仍然存在，於是他決定不假他人之手，也就是自產自銷，這樣可以降低售價，回饋消費者。

年輕人的創意無限，往往能在老行業裡創造新的經營模式與創造話題。或者說，這些年輕人心裡仍住著老靈魂，他們試圖在傳統行業中另闢蹊徑，讓薪傳蛻變得很時尚。

然而，這條路不好走。青年的母親告訴我，現狀對青農十分殘酷，有機米與一般米在市場上的價格沒有嚴謹的區隔。她感嘆：種植有機米代價太高，卻感受不到相對的銷售優勢，返鄉青年必須勒緊褲帶過活！ 10 多年過去了，這對夫婦繼續有機耕作，但已停止繼續參加認證，他們就只供應給信賴他們的老客戶。至於兒子們，就讓他們回到原有的工作崗位上了！這位媽媽最後仍爽朗地告訴我：「我們兩老，就是守著土地，當是賺心情、賺健康囉！」

米糧盤商之子賦予米行新風格

傳統米行還有什麼樣的機會？位在永康區復華 5 街的富穀樂糧行，2017 年受訪時，負責人林佩郡與林建鴻姐弟，分別

富穀樂以貓頭鷹象徵守護米糧。
米行之子林建鴻捨科技工程師工作經
營創新糧行。
黑白板註釋自助買米糧流程。
消費者細細流覽各式各樣的米糧。
少量多樣的米糧一目了然，讓整個空
間很時尚。

才 40 歲、36 歲。這時候剛開張 1 年。他們的父親原是府城北門路上一家米糧大盤商，父親中風生病後，姐弟兩毅然決定以兼具環保與食安概念的新設計風格傳承「米糧」這一行。

乍聽他們的說法，並且進入他們的店面富穀樂，見到有限的空間與架上陳列的各式米糧如此少量，許多人不免覺得違和感，就連他們的父親也一度認為他們是在扮家家酒。

曾是科技工程師的林建鴻說，少量多樣除了保有新鮮度之外，透明容器下方設計了門栓式漏斗，消費者拿著小器皿，開啟漏斗取所需的量置入可分解包裝袋，過鎊就可結帳。新的販售概逐漸吸引消費者自己帶容器來盛裝並享受折扣優惠。林建鴻強調所有米糧都經過 SGS 認證，就是要消費者「看得見，更安心」，尤其是要在保有食安與保鮮的條件下，盡量減少包裝，甚至無包裝，藉以傳揚愛物惜物與友善環境的核心價值。

富穀樂，Fukuro，是日文貓頭鷹，身兼日文老師的林佩郡為糧行取了此名，除了欣賞日文中「幸福、不辛苦」之意，也喜歡臺灣原住民賦予貓頭鷹的意義：看顧糧食，就如同他們為消費者食安把關一般。看顧糧食，不也是米食文化的重要意涵！

第三章

米食振興與農村社造

第一節　無米樂與冠軍米

紀錄片《無米樂》自 2005 年播出以來，老農與農村問題重新贏得國人關注。未久，片中主角「崑濱伯」黃崑濱不畏困難栽培的益全香米，隨後在 2006 年榮獲第四屆全國稻米競賽總冠軍頭銜。崑濱伯家鄉後壁區菁寮聚落更具知名度，也意外掀起農村旅遊熱潮，米食文化重新成為熱門話題。

菁寮聚落早期曾是嘉義與臺南交通與生意往來要道，菁寮老街繁榮一時，嫁娶所需的棉被、西服、金飾、鐘表等百貨可以一次買齊，嫁妝街之名不脛而走。隨著菁寮名氣上揚，政府資源挹注，還有在地人出錢出力著手商圈改造與行銷，成功形塑菁寮為一處農村生活體驗遊樂園。

來趟菁寮老街，走訪古厝、逛老店舖或是採買鉛桶、花布當創意伴手禮，來碗農村大碗公飯，都成了時髦的事。

逛菁寮老街，找崑濱伯買冠軍米

崑濱伯成了名人，也由於他率直敢言的性格，政府官員常向他請益，或透過他了解農村輿情。各地來的遊客逛著逛著也

崑濱伯是個跟上潮流的大忙人，行動電話不離身。聊起種稻時節，則細心地翻閱農民曆。

一進菁寮，土地公雕像就座落在路旁。
穀倉造型是菁寮農會分部的醒目地標。

喜歡走進崑濱伯的店，買包冠軍米或是和崑濱伯聊兩句，拍張照片，打打卡。崑濱伯也總是熱情招呼，並且不忘消遣自己「臉皮較厚啦！」崑濱伯認為，有人願意多講多介紹，地方更有知名度，外地人更願意進來，地方更有活力。

　　1929 年出生的崑濱伯，十分健談，筆者多次造訪，與他閒聊，他一邊招呼客人與觀光客，一邊話說往事。他的父親原是在舊農村做生意，買賣雜糧和農機具，最初沒有田地，但有住宅和店鋪。光復後物價波動，父親有生意眼光，開始收購農村生產的雜糧賣到都市去，賺了錢就買地置產。

「阮老爸買了地就黏著咧，黏著我啦！」崑濱伯笑著說，他就這麼務農一輩子。回顧 1949 那個年代，他順利從嘉義工業初級部（今日嘉義高工）畢業。那時候他的年紀正好不用當兵，他原要去謀職，但那時月俸只夠買 5 斗米，算一算划不來。由於家裡是做生意的，他就返家做生意。可能是讀過書，他自覺有點讀書人的傲氣，放不下身段，一開始覺得自己不適合做生意，但沒有辦法，只能硬著頭皮了。那個年代做生意很辛苦，有時騎車，有時駕牛車往返菁寮和嘉義做買賣。

最近一次拜訪崑濱伯是在 2018 年 10 月。崑濱伯娓娓道來，父親除了做生意，買了田地先是請人耕作。初期三年輪作，甘蔗收成之後種水稻，接著種甘蔗再接雜糧。種甘蔗要一年才收成，所以一般農民種植意願不高。

1975 年曾文水庫放水，此後可以一年種兩期作，一期作大約入春前到新曆元月末尾放水、播種，稻穀在小暑收成，大約是七月上旬。二期作通常大暑播種，也就是七月底到八月播種，到了立冬開始收成，時值十一月初到十一月末尾。

到了崑濱伯接續家業，除了家裡兩甲地，他還另外租了一些，最多曾經同時期耕作了 3 甲地。

訪談時，崑濱伯夫妻兩愛鬥嘴，邊有遊客上門買米或是電話不斷有訂單，「12 公斤 1 包今天寄明天到……」電話應接不暇，遊客上門邀請合照也都來者不拒。他解釋，通常莊稼人

較保守內向，他可能是因為年少就做生意，加上已經適應媒體採訪，所以，他不吝於成為那個和外界溝通的角色。

最光采的時刻，2006 年全國稻米競賽總冠軍

2002 年臺灣加入 WTO，農村面臨前所未有的衝擊。崑濱伯回憶，政府想要看看農村概況，於是有導演來拍紀錄片《無米樂》。

1995 年世界貿易組織（WTO）取代 GATT，臺灣於 2002 年正式加入 WTO，糧食政策與農村發展都有了時代性的轉變。正當臺灣加入 WTO，政府積極推動稻田休耕，但是就在 2003 年聯合國糧農組織（FAO）將 2004 年定為國際稻米年，強調稻米對糧食安全、營養、環境與文化的重要性。隨之有日本於 2005 年通過＜食育基本法＞，強調人與食物、農業的關聯。同年，臺灣紀錄片《無米樂》記錄了 4 個稻農與一頭水牛的故事，傳達了老農「無米也快樂」的樂天知命。特別是片中主角崑濱伯等人與同伴們聊及農民與土地關係的一些對白，淺顯卻深入人心，也喚起了社會對土地與米糧的重新重視。

崑濱伯：

　　種田的人、勞動的人若對土地沒有感情，就是快死了！……這塊土地是養我們的，這塊地就是咱的，咱的生命從這裡成長。

煌明伯：

　　這土地，咱沒法做時，放得下嗎？日子在過，心情不太壞，就好了！

　　同時期，政府開始設置稻米專業區加強改善並提升稻米品質，菁寮也自 2003 年起設置了稻米專業區，那年開始舉辦全國稻米競賽。

　　崑濱伯是在 2004 加入稻米專業區，那時候他在報端看到俗稱 71 號仔的益全香米是有名的良質米，於是他主動打電話給臺中改良場，對方告訴他說：這品種很不好管理哦！一周之後，賴明信博士回國，崑濱伯直接向他請教，他認出崑濱伯就是那個《無米樂》崑濱伯，並且感受到崑濱伯想嘗試的意願，於是促成了崑濱伯栽培益全香米，也經常下鄉關心。

　　2005 年崑濱伯第一次參加比賽，得了 20 名，他感覺成績還不差。那一年菁寮專業區選出一名去參加全國賽，這讓專業區的農友有了信心。2006 年後壁的初選由崑濱伯入選，代表

後壁參加全國比賽。他原是想，「可以入選 10 名內就很開心了，就是上流的了！」

全國比賽會場上，開始倒數唱名了。「唱到第五位（應是所謂的第三名）是新營市農會的代表，我開始緊張了起來，唱到第二名有 2 名……，沒有我！這時尋求四連霸的池上代表連勝失利，屈居第二名。」崑濱伯描述當時情景如歷歷在目。那一年他種了 2 甲地，與芳榮米廠契作的農民共 60 甲地，團隊主力包括越光米與香米，並且積極推廣糙米與有機米。

現場氣氛緊張了起來，「我本想，明年再捲土重來吧！」關鍵時刻，頒獎人賣了關子，終於宣佈「第四屆全國稻米競賽總冠軍」得獎者：「姓黃的……」又是左看右看才唱出名來：「黃崑濱！」崑濱伯回憶道：「我整個人都傻了，感覺天都塌下來了！」四周歡呼聲不斷，這是多不簡單的榮譽，他在緊張之中感到很光采，對自己的稻米也更有信心了。

可能是因為《無米樂》之後常接受採訪的關係，崑濱伯平日面對鏡頭較不易緊張了。「關鍵時刻，我舒緩了一下情緒，但還是緊張了……。」崑濱伯回顧當時既興奮又緊張的心情，仍不免露出欣慰笑容。「我常想，做生意比種田快活，掙的錢比一般領月俸的多，但我怎麼就一直種米到這時？」做生意是現金交易，收入容易受大環境波動，他的父親就常說，種田是辛苦，做生意卻有產品青黃不接時，他終於明白：「有地才有

老街上步調和緩。

底，利用生意空閒種田，我的經濟才真正穩定下來。」他進一步強調，土地無形中會自己增值；而現金就會變薄，若是理財不善就可能家財散盡。

時代變遷，米廠與農民關係微妙變化

戰前稻米採配給制，戰後米價受到管控價格走揚。崑濱伯回首那個年代，雜糧主要仰賴進口，顯得不值錢，就連甘蔗也因蔗糖進口和人們健康觀念抬頭而需求下挫，加上工資貴，一般人根本不敢種雜糧。後來有了水庫灌溉，稻米從農家自給自足的型態轉而大量增產，儘管政府因應國際大環境變化而積極推廣良質米，但過程並非一夕之間一步到位。崑濱伯直言，農民多半無法一時改變量產的觀念；相對的，對消費者來說，良質米價格比較高，一般人難以全面接受，若是有機米就更貴，接受意願就更低了。

時代變遷，曾幾何時，過去被農民敵視為「米蟲」的米廠，如今也能成了農民的盟友，崑濱伯分享自己的觀點說，「米廠有些時候甚至可以說是奴才。」關鍵在於，米廠與農民契約，保價收購並且品牌行銷與開發通路，提升了稻米價值。

崑濱伯解釋道，農民的稻米一倒在米廠的貨車上，農民就要收錢了；收成好不好，幾乎有一半責任落在米廠肩上。漸漸有更多農民發出這樣的心聲：還好有米廠！尤其在天候不佳的

時候。拿過去農村社會來說，在自家院子或廟埕晒稻穀要花上整整一星期，後來就是直接委託廠商烘乾。現代的趨勢是，農民只要巡田顧品質，米廠有的是現代化設備與行銷通路，兩者共融不再是不可思議的事。

「我去農糧署，專家也不斷教育阮，欲增加收入的話，品質愛顧，用藥用肥都必須管控。我也常給農友同伴講，毋通用藥，愛顧好品質，像冠軍米嘛是按呢照顧出來的。」許多消費者衝著冠軍米而來，他也很有自信地跟消費者說：「我的米若無好食，你就寄轉來還我！」（臺語）

《無米樂》效應帶動了南瀛米倉新的米食潮流，農特產品也跟著脫胎換骨行銷全臺或揚名國際，像是菁寮農村藝品、烏樹林蘭花產業等，都是成功的典型。

從臺南縣政府時期就輔導成立的「臺南縣無米樂創意特色產業生產合作社」及「無米樂旅遊服務中心」等機構，成功促成無米樂良質米及社區特產，更吸引日本石川縣宮村公司社長宮村榮前來合作，將本地稻草編織品輸日成為其年節裝飾藝品「水引」，增加稻草附加價值，也打開國際銷售市場。相當多的菁寮人包括崑濱伯更盼望著，無米樂的發展以及菁寮社區的蛻變能在米食文化發展歷程中扮演關鍵角色。

一隻眼失明無損於崑濱伯熱情參與地方事務。已經習慣於聚光燈下的崑濱伯，也不忘推介冠軍米與熱情招呼遊客。

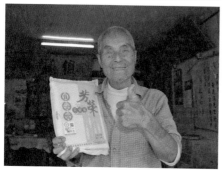

崑濱伯最懷念菁寮市場老店的碗粿、米苔目、粄條

聊到了米食，崑濱伯最懷念菁寮市場的老店碗粿、米苔目、粄條，可惜市場沒落了，古早味米食漸漸失傳了！他最盼望的是，菁寮市場能活絡起來，讓遊客來都能嘗到傳統米食，社區推廣刈稻飯也都能把後壁好米大力行銷出去。這樣，來菁寮逛老街、吃好米、買好米，更多人愛吃好米，才是最完滿的。

伯公是明星

曾任新嘉國小校長的許玉蘭任職期間（2007年），以《無米樂》人物崑濱伯為主角，撰寫學校自己的繪本教材《伯公是明星》，並邀請在地素人畫家殷嘉輝義務插畫，賦予新書更動人的農村故事與精采的教育內涵。迷你小學新嘉國小所在的白沙屯聚落緊鄰菁寮聚落。

熱中寫作的許校長說，年輕一輩對土地漸漸疏離，少了一份珍惜故鄉文化的情感。她在打造永續校園過程中，決定以文化、產業元素活化農村小學，也灌輸孩子從小培養「生於斯，長於斯，愛於斯」的情懷。

她在發表會上這麼描述崑濱伯。她說，崑濱伯常笑自己，《無米樂》的演員又老又醜，他又因眼疾只剩一眼，沒想到故事如此轟動。同樣的，殷嘉輝沒有受過正統繪畫教育，又因為兔唇缺陷，自幼就受到異樣的眼光，意外從繪畫找到渲洩情緒的出口與樂趣，現在更從作品找到自信，這些都是生命教育活教材。

「工作這麼多，錢卻沒有那麼多；錢如果像泥巴那樣翻來翻去，不知有多好！」書中敘述崑濱伯常這麼打趣，但他的日常生活其實只要青菜、醬瓜就可以簡單過一餐。「他用一輩子的生命與天地對話，他一輩子都會在稻田中，直到他也變成土地的一部分……。」許校長如此為繪本下了註腳。

第二節　菁寮老街農村遊樂園

漫步菁寮老街，木構造店舖街屋——百年販仔間映入眼簾。街屋為菁寮老街保留了古樸風貌，也見證了昔日繁華。

歷經榮枯的老街，也因為曾經有過的沒落才保留了今日完整的農村聚落型態與生活步調，如稻田初升的太陽，綻放魅力光芒；也如街上的老豆油店，越陳越香。

菁寮曾是嘉義、鹿草貨物南下府城的要道

生於斯長於斯，曾任臺南市政府經濟發展局局長的殷世熙參事，對於菁寮有股濃厚的鄉情。2012 年夏天，就在他還擔任經發局主任秘書時期，曾為筆者導覽菁寮並且娓娓道來他所熟悉的故鄉人文。他說，昔日八掌溪船楫穿梭，中國大陸商船可直抵鹿草，而菁寮也是嘉義、鹿草一帶貨物南下臺南的交通要道與集散地，菁寮逐漸聚集成市，曾經也有飯店和戲院。因為時代變遷、經濟區域向北轉移，菁寮逐漸沒落，直到《無米樂》紀錄片在全國掀起話題，芳榮米廠與崑濱伯結緣而於2006 年勇奪全國稻米競賽總冠軍米之後，菁寮這塊土地蘊藏的商機又逐漸復甦。

源自鹿草望族古宅的金德興中藥行（百年古蹟阮家古厝）、義昌碾米廠、餅舖、冰店等商行如雨後春筍，也有老店

菁寮社區裝置藝術充滿童趣與
質樸,讓人不覺莞爾。
一位媽媽忙著整理稻桿,要紮
成按摩桿。

鋪傳承至今。

　　從老店鋪到復古商店,從阿媽的嫁妝到創新的「茄芷臺客
包」[1]和創意米食,殷世熙眼中的故鄉,是故事串起了老街所
保有的純樸、刻苦與樂天知命的《無米樂》文化內涵,進一步
活化老街,吸引像「楊媽媽菓子工坊」、「蓮圃園」等創意米
食崛起。

1　　教育部閩南語字典用字為「加薦」。

曾經繁榮一時的菁寮老街，濃濃懷舊風情。老街花布舖子很有農家味。

菁寮公有零售市場建築也有古風。

老醬園融入創新元素，舖子裡電視牆播著《無米樂》。

　　較可惜的是，在地古早味例如：米苔目熱食、米苔目冰品、粿仔條或菜頭粿等老風味逐漸消失，在地人盼著菁寮成為米食研發中心的夢想也許仍有距離。

醬油拌飯，窮苦時代最幸福的滋味

　　農村社會，醬油拌飯就是香噴噴的主食。莊稼人簡樸刻苦，農忙時吃碗割稻飯配豆豉就是最簡單的幸福，萬味香等老字號「豆油間」，也就是醬園，飄香至今，也成了現代人熱切追尋的老滋味。老街木造店舖街上，萬味香醬園以創新面貌問市。

　　萬味香創立於 1930 年，創辦人黃玉輝自幼在新營醬油廠當學徒，後來頂下醬油廠，並且傳承了醬油廠技術、生產工具等。他返回故鄉菁寮之後，開始釀造醬油，多年來一直堅持手工古法釀造，並且創新研發出適合各種烹調方式的口味與配方。

　　老街另一頭，由莊隆厚先生無償提供社區使用而成立的「稻稻來」農村特色餐廳，復古味十足。「稻稻來」取自臺語諧音「慢慢來」，傳達著農村慢活的生活態度。「稻稻來」後來停掉餐廳部門，轉為社區老人廚房，並且在假日販售米麵包。

無米樂三老,菁寮文化新代表人物

人稱《無米樂》三寶:黃文林、殷煌明與黃崑濱儼然成了菁寮稻農故事的縮影。

許多人來到菁寮,最先找尋的就是耆老崑濱伯的身影,他所開設的豐昌商店經常有遊客停歇,與崑濱伯天南地北地開聊著。閒談間臺灣農業的甘苦風景與農人們敦厚樸實、樂天知命的美麗,以及後壁有美味米的深刻印象,也就此鋪展開來,成了菁寮感動遊客的一站。

筆者 2012 年拜訪時,當時 73 歲文林伯剛把水牛牽回家休息。他告訴我,14 歲開始犁田,幾十年來已陸續養過 30 多頭牛。在早已機械化的農村,現在陪著他幹活的水牛可是菁寮唯一的水牛。文林伯又說了,自己年紀大了,不想改換「鐵牛」(曳引機)啦,一來麻煩,二來危險。

《無米樂》紅了之後,許多大學生、教授都來找他訪談做為研究論文,他忙得很愉快。過年時節他也會駕著牛車逛老街,遊客每人每趟收個 50 元,大人小孩都歡喜。社區有觀光團或菁寮天主堂有活動時,也常邀請文林伯駕牛車共襄盛舉,文林伯與他的水牛車成了菁寮的一個符號。

同時間,當時年已 77 歲的煌明伯經營的隆泰棉被行門庭若市。那天是假日,依然見他興致高昂地對著遊客談起菁寮極盛時期有三家戲院、五間酒家。他說,若讓遊客只是走馬看

花,實在很可惜,所以他很樂於「講古」給大家聽。

　　煌明伯當時告訴筆者,時下觀光遊客喜歡逛的是南北向的菁寮老街,也就是清朝時期繁榮的北勢街;而銜接北勢街的東西向街道通稱菁寮街仔,也就是隆泰棉被行與菁寮文物館所在的街道,「我們喜歡稱之為少年街仔,因為這條街從日據時代一直繁榮到光復後。」

　　而大家所津津樂道的「菁寮嫁妝一牛車」,煌明伯解釋,在菁寮街仔的繁榮時期,菁寮街仔尾曾有家賣牛車的,以前大戶人家嫁女兒就先在街尾買一臺牛車,之後沿街採買花飾、西裝、金飾、衣櫥、棉被、手表、皮鞋、面盆、大餅等嫁妝,更後期一點還有新潮的音響。而今,存留下來的行業都成了老店,為了延續此一獨特的傳統文化,並活化老街產業,文化局也曾連續多年在此舉辦「嫁妝文化節」。

　　煌明伯於 2016 年 7 月 28 日離世,享壽 82。煌明伯離去前夕,他的獨子殷隆泰在奮鬥多年之後終於拿下後壁區良質米冠軍,並且接下手工棉被行,繼續為菁寮文化傳承注入新血。

推廣米食文化,產官學研缺之不可

　　而崑濱伯仍努力不懈,以種植高檔米為己志,希望以質代替量,同時也希望在地餐飲業者能推廣香米 71 號,讓遊客來菁寮就能吃到道地的菁寮好米,同時推廣米食文化。

故事與人、情、物串起了老街所保有的純樸、刻苦與樂天知命的《無米樂》文化內涵，滋養了活化老街的動能。崑濱說他特別感謝，也建議政府在觀念的推廣與改造上再推一把。他心心念念的是，「唯有店家有生意可做，老街才能真正熱絡起來。」這應是稻米之鄉許多人的共同盼望。

傳統工藝從沒落到時尚

早期種稻是看天吃飯，農民多半必須有家庭副業以增加家庭收入。菁寮過去曾以加工編織鹹草袋與藍染為副業，賺錢貼補家用。沒落多時的產業如今成了老街創意商品，為老街商圈增「色」不少。菁寮自清朝以來就是藍染重鎮，直到化學染料取而代之，產業才沒落。

菁寮文化館指導老師洪柳絹多年前接受筆者訪談時，跟筆者細述了菁寮藍染小故事。她說，菁寮聚落昔日用以染布的原料「小菁」或「菁仔」，又稱「木藍」，當地居民稱之為「染布菁仔」。做好的染料置入「菁仔桶」內，必須搭建草寮遮蔽日曬雨淋，「菁仔寮」就成了菁寮地名由來。

近年來，在臺南市政府文化局協助及老里長殷献政等社區人士催生之下，成立了「墨林文物館」並且積極推動藍染，開發了諸多文創商品，包括圍巾、頭巾、筷套、背包、按摩棒等等，讓傳統工藝蛻變為生活流行產物。而許多老菁寮人兒時一

「茄芷阿嬤」工作人員忙著趕工出貨。「無米樂 LV 包」很受歡迎，草編提袋很有質感，手工製作各式藺草工藝品也是熱賣品。

定用過的「茄芷」袋，在老師傅的新創意活化下，煥發出一股無與倫比的時尚風情。

今天的菁寮彷彿一座農村遊樂園，但又如何營造為米食文化聚落？崑濱伯直言，「遊客來囉，卻無代表性的土產讓他們買轉去做伴手禮；踅老街（逛老街）想食點心嘛無方便，因為店家多半休息囉！」（臺語）包括公共設施若未加以改善，都將對遊客失去吸引力，那麼又該如何發展米食文化特色？

菁寮逐漸形塑為米鄉遊樂園

不可諱言，在政府與社區推波助瀾之下，米食研發不無成果，但要發展出經濟規模進而帶動文化永續，仍有漫漫長路。前臺南市議長賴美惠也是後壁在地人，農會出身的她長年關懷米鄉，她曾與筆者分享這樣的想法，建議由公部門設置市集，鼓勵米食達人登記設攤，並區隔各家特色且做出質感，吸引美食好手出來做生意；更重要的是能喚起菁寮在地人拿出做自家事的熱忱，盡地主之誼並且人人都以菁寮最佳代言人自居，大家共同做出具吸引力的在地米食。如此才有商機，遊客來了有得吃並且買得起，這樣農村旅遊才有樂趣，米食才能成為生活的一部分。然而，農村旅遊仍有淡旺季，遊客數不穩定，種種理想仍面臨層層挑戰。

走過繁華與消退，如今菁寮老街商圈因為稻米與農村文化

「稻稻來」成為特色景點。
假日市集稻草工藝品吸晴。

成為聚光焦點。更多人盼望著菁寮發散出人間淨土的氛圍，引領人們放慢腳步，進入時光隧道，生活在《無米樂》，暫時忘卻煩憂「稻稻來」。

第三節　仕安社區一袋米的力量

2018 年秋收時節，臺南好米季在仕安社區舉辦，這個緊鄰菁寮的寧靜聚落，坐擁金黃稻田，伴著水圳潺潺細流，迷人的景致，吸引各地遊客前來體驗農家米食文化樂趣。

農業局與農委會農業試驗所合作，利用黃綠紫（紅）黑白彩葉水稻彩繪稻田，田間顯現仕安寶寶與日本群馬縣官方授權吉祥物群馬寶寶圖騰，成了目光焦點。而仕安村世外桃源般的農家風情，讓人留下深刻印象，仕安米的故事亦為人津津樂道。

一袋米的力量傳為佳話

曾任後壁仕安里長（仕安里已經整併為長短樹里）與仕安社區理事長的廖育諒，選上里長後，在社區開創了合作共老經濟模式。為了永續經營，村落必須要有產業與經濟模式，於是，人稱阿諒的廖育諒廣集眾人之力，大家一起來賣米，因而創造了「一袋米的力量」並傳為佳話。

　　從事空調事業的廖育諒，2008、2009 年間因為父親生病了，常要接送就醫，他開始意識到聚落人口老化及獨居問題。那時的仕安發生了抗爭事件，阿諒回憶說：「我不知哪來一股傻勁就站到了第一線！」後來經社區支持與民代主動關切，事件總算落幕。當時高中退休的周水枝老師鼓勵他進一步挺身為社區服務。「我心裡也想，村落人口老化，許多角落雜草叢生，幾經思索，我決定參選仕安村長，而且堅持乾淨選舉。」他說，初次競選的訴求就是要推動社福車。

　　他得到村落認同當選了里長，一上任馬上兌現社福車政見，自掏腰包買了一輛廂型車並且聘僱司機，定期載送村落父老就醫。同時，他將村落裡的死角綠美化成三個口袋花園。他打趣說，此舉當然馬上挨老婆罵，但兩任 8 年下來，幸虧老婆做後盾，還有兒子願意接手他的空調事業，員工也都能在崗位上發揮專才，才讓他投入村落服務而無後顧之憂。後來 2018 年臺南市里鄰整併，仕安、平安與頂長村合併為長短樹里，此際原仕安里的合作社已經上軌道，也與社區發展協會合作無間。他未再投入里長選舉，選擇只單純著力於合作社，續任合作社理事長，繼續推動社區經濟。

他就是單純想做點事

村落居民的信賴與長者的笑容，讓他覺得肩上的責任更重

俯視彩繪稻田，仕安社區是一塊一塊畫布。「臺南好米季」彩繪稻田呈現可愛圖案。活動設置的眺望塔，如今保留成為小型健身場所。

了。很多人笑他，要做社會企業必須有錢有閒又有心，他總是笑盈盈地說，他就是單純想做點事。

當然，社福車營運與維護無法光靠他一個人的力量。他第一年（2011年）順利向熟識的廠商募款，第二年之後就覺得好累，這工作要如何永續？正當他苦惱著社福車如何為繼，里幹事的認同與鼓勵給了他信心。

阿諒意識到鄉間有個普遍現象，老人家領了年金往往捨不得花，反而都給了子孫。所以，若只是發福利金，可能並不能讓老人家直接受惠；而社福車帶來方便性，也鼓勵了老人家招伴看醫生。長輩們一路閒聊，也更走得出門了，村落人情味更濃了。

仕安米，仕代平安米 Yummy

這個共老經濟模式，直到2013年社區創立了「有限責任臺南市後壁區仕安社區合作社」，有了新的開端。但，合作社如何突破限制，真正為社區居民找幸福？認股集資與契作勢在必行。阿諒笑著說，最初，有人擔心里長騙錢，計畫推進十分辛苦。

由於社福車獲得公視採訪報導，引起政府與社會各界注目，周老師建議他積極爭取政府資源，也獲得水保局主動關心，2016年完成農村再生計畫。那時社區的稻米原都是請人

代為烘乾及代為碾米。但，找人代工遇上天候不穩就麻煩，這時水保局的計畫給了即時雨。阿諒認為，「行善的人不寂寞。」社區獲得了小型烘乾碾米廠。

同時間有勞動部指導的青銀共創產業永續發展計畫啟動，目標是：青銀共創、培養人才、食農教育、共享經濟。計畫期程為 2017 年 3 月 1 日至 2018 年 8 月 31 日。

仕安社區合作社理事長廖育諒懷抱家鄉共融的理想。

仕安社區的吉祥娃娃大型裝置與小公仔都很可愛。

　　農委會、農業局等單位也提供輔導與補助，「一袋米的力量」故事帶進了更多的關注。當年得力於臺南藝術大學建研所社造組周軒睿等人進駐，協助賣米、行銷，打著仕安米「仕代平安米 Yummy」品牌與可愛圖騰的米糧逐漸受到注目。除了合作社與社員直銷，主婦聯盟也採購做為米漢堡原料，網路行銷有了不錯的成績，少了上架費，也才能創造盈餘，回饋社區。

　　小型烘乾碾米廠 2018 年 3 月 17 日落成，還設置集貨運銷處理室，另有食品研發室。合作社原本一個半月才集資 200 多萬元，在水保局計畫之後，居民獲得鼓勵且信心大增，居然創下半小時集資 960 萬元的佳績。合作社集資採小額，每人只能投資 5,000 元至 20 萬元，會員已從最早 60 個增加到大約 120 個社員，「這真是太高興了！」

　　阿諒說，村落長輩多了話題，而且現代農耕機械化與代耕普遍，種田較以往輕鬆，農閒更有機會串門子了。合作社與社區共同努力，盈餘用於社區福利還包括午餐周一至周六每人只需自己負擔 20 元。老人農村原是看不到未來，而今仕安村不但創造未來也創造話題。

　　合作社也以鐘點工方式聘僱村落老人家，以時薪或日薪計價。漸漸地老人家也把合作社當成自家事業，沒事也來走動走動或幫忙打掃。

　　2018 年第一期稻作完銷盈餘可以突破 150 萬元，盈餘

20% 大約 30 萬元用於回饋社區。20% 回餽社區的社福基金運用包括，周一至周六長輩共餐，行動不便的送餐服務，每餐只收 20 元。里長捐的服務車，到府接送長者就醫，每周二、五晚上及假日課輔等等，凝聚老中青少年人。

合作社文宣清楚列出十大效益：

1、公平交易：高於市價 40% 保價收購，若遇天災等因素歉收，仍以八成產量收購，讓農民無後顧之憂。
2、無農藥栽種，友善耕種。依據訂單需求，契作面積達 12 甲地。
3、提供就業，人工選米，製作西點，包裝等，社區老人有尊嚴，如里長說的，活得有自信、有價值。
4、長者供餐。
5、醫療接駁。
6、孩童輔導。
7、急難救助。
8、環境維護。
9、社區團結。
10、永續發展。

特別是急難救助方面，要等待政府補助往往緩不濟急，阿

諒舉例，就因為有急難救助金，社區曾經結合社會局順利安置了一名精障者，一方面幫助患者家庭減輕經濟負擔，也排除了社區安全疑慮。

仕安合作社團隊談到合作社的意義與實踐，這麼表示：合作社生產無毒好米，講究的食安包括農民健康，居民安心。出穗後還要檢驗，進一步還推出白米與糙米精美禮盒仕安米，勁爆加工商品如手工米香，黑玄茶等，其中糙米米香與糙米麩很熱賣，另外也請廠商代工推出米麩餅與黑豆粉餅。合作社進一步跨足生技研發領域，與中華醫事科大合作，利用米萃製造眼霜等系列保養品，希望提高米的附加價值。

合作共好，幸福共老

廖育諒總是謙稱：「只是想做對的事，做感動的事，因為我們自己也會變老。」

勞動部培力就業計畫專案經理卓丹羽，與夫婿的嬉遊境空間構築工作室，持續為仕安社區投入心力。這一切努力給村落帶來怎樣的改變？卓丹羽說，努力改變的目標就是「合作共好，幸福共老。」

卓丹羽表示，村落 200 多人，20% 以上 65 歲以上長者。對老農而言，種稻是一生的工作，社區積極輔導轉型過程中，若是老農不放心隨便給人做，社區就透過合作社媒合，例如有

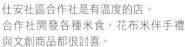

仕安社區合作社是有溫度的店。
合作社開發各種米食,花布米伴手禮
與文創商品都很討喜。
還有,產學合作的手工餅乾有米的香
氣與營養,米萃保養品是新開發方向。

些青農，返鄉照顧家人兼務農，最重要的是他們也願意落實環境友善理念。

卓丹羽重申合作社理念：仕安的農民勇敢作夢，也勇敢實踐理念，從一味增加產量，轉為追求卓越品質。然而跨出這一大步遠比我們想像的艱辛，真正困難的是，如何去改變農民重量不重質的舊觀念。

仕安村一包米的力量，故事感動了許多人，也因為稻米的故事催生了仕安故事屋。那是紅磚牛棚換裝成的廚房，曾參與臺南市政府都發局「臺南筑角」競賽（旨在運用在地素材進行景觀空間創作），後來陸續有遊覽車或團體前來訂餐，品嘗仕安好米，遊賞米鄉風情。

「我們的一包米或許沒有比別人便宜，但我們每一粒米所承載的意義絕對比別人的一包米來得重。」阿諒說，仕安好米需要更積極建立品牌，2019 年仕安好米努力打進實體商家，也獲主婦聯盟肯定做為米漢堡的原料，訂單相對穩定，讓農民與合作社的契作更受到鼓舞。「合作社因此能驕傲地說，社區有能力照顧自己人，不用事事向政府伸長手了！」阿諒笑著說。

然而阿諒也直言，小農、青農投入友善種植或社會企業，那是相當累人的工作，要能永續經營必須有強烈誘因。

阿諒認為，日本人強烈的食米文化意識值得參考，最簡單

的，日本人總把最好的留給自己，日本人也就熱中選好米，願意吃好米，習慣吃好米。

夢想著農村永遠稻浪飄香

其實學校午餐也可以吃更好的米。他直言，臺灣的精緻好米消費群仍在金字塔端，仍有賴政策推一把，提供充足誘因讓有意願的小農與青農，甚至廣大農民都願意投入友善栽培，種好米賣好價格，逐漸培養國人新的食米習慣與打造現代人的食米文化。如此正面循環，農村永遠稻浪飄香，就不會只是夢想了！

第四節　割稻飯與農村社會企業

《無米樂》紀錄片掀起了一股農村旅遊風潮，稻米之鄉菁寮的假日熱鬧了起來。

於是毗鄰的幾個聚落，開始有一群充滿熱情的在地人，像傻瓜一般又是自掏腰包，又是募款或是整合政府資源，透過印製導覽地圖及農村、社區營造等活動，一步一腳印地將無米樂菁寮老街、後廍社區等聚落文化行銷出去。

後廍在日治時代曾是茄芷的重鎮，茄芷幾乎是家家戶戶的家庭副業，2008 年「茄芷阿媽工作坊」成立了，並且在菁寮

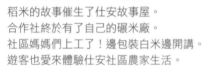

稻米的故事催生了仕安故事屋。
合作社終於有了自己的碾米廠。
社區媽媽們上工了！邊包裝白米邊開講。
遊客也愛來體驗仕安社區農家生活。

水圳成為仕安社區活水源頭，加上多年的努力，仕安社區水岸有了清新景致。
阿諒說，希望農村稻浪永遠都在。

綠色地毯，散落田間小徑的喬木，社區是一幅寧靜悠閒的農家樂。

老街有了門市部。2010 年行政院勞委會職訓局經濟型多元就
業開發方案，啟動了「尋找失落一甲子ㄟ(的) 茄芷—無米樂
慢活幸福農村」，結合政府與社區資源開發藺草編織袋與拼布
包，以「無米樂ㄟ LV 包」名號打造手工新時尚，為稻米故鄉
增添文創元素，成為很潮的稻米伴手禮包裝袋。後廍社區發展
協會積極推展無米樂社區深度旅遊、提供遊客團膳服務，品嘗

農村風味餐割稻飯（刈稻飯）、古早味手工黑糖，還有三合院及檜木民宅住宿體驗。

　　而菁寮農村社會企業規劃師黃永全執行長，長年從事陶藝創作，曾任教於中學，2006 年開始建立社區文史資料。菁寮社區營造開始創造風潮，可以說開始於文化局舉辦嫁妝文化節，社區也開始推出農村旅遊，提供團體導覽服務與結合餐廳團膳。1960 年出生的黃永全對傳統農村生活有深深的懷念，他大約在 2011 年結合農村特色推出大碗公飯或稱割稻飯，逐漸打造農村觀光經濟，意外發展了農村米食懷舊風情。

農遊吃割稻飯，體驗農村感恩饗宴

　　黃永全說，傳統農業社會，每到稻田收割季節就需要大量人力，農民就請來親友、鄰居「相傍伴」，像是交換工時或相互扶持，有來有往，既節省僱工成本，又能凝聚情感。主人家除了提供點心、茶水，收割完工後備妥餐食祭拜上蒼、敬謝土地公，接著宴請伴工的鄰里親友。黃永全在文宣中敘述，這就是古早味割稻飯的由來，他稱之為「感恩收割完工饗宴」。

　　黃永全就是以「一分農地以社會企業經營模式帶動農村發展～～以菁寮無米樂社區為例」，做為論文報告，並且藉以執行，菁寮無米樂社區的實務農業社會企業經營與永續發展。除了民宿體驗、割稻飯與販售包裝米，社企進一步打造窯烤米麵

一群有志之士努力推展無
米樂社區社會企業。

假日遊客來了,「素蘭小姐要出嫁」表演團隊
出發囉!
婆婆媽媽各有角色。隊伍中,文林伯駕著水牛
車載著「嫁妝一牛車」。

社區規劃師黃永全忙著為農村旅遊的
團隊導覽解說。
隨行的迎親隊伍迎接遊客漫遊村落，
沿途熱鬧滾滾。

菁寮社區農村旅遊割稻飯菜色
十分農家味，假日前來品嘗大
碗公飯與農家菜的遊客如織。

包等米食特色，一點一滴創造產值，提供農村就業機會。他更希望回復阿公阿媽記憶中的老情境，像是農閒時鄉間的恬淡自得，農忙時相扶持的情感凝聚，最終是整個聚落就是農村生活體驗博物館，就是稻米文化生活館。

除了不斷以創新點子規劃遊程，黃永全不忘「社會企業」初衷。他持續與家鄉小農力行自然農法，生產「菁饡米」等好米品牌，將利潤回餽於社區社會福利，一步一腳印，希望喚起官方正視「穀賤傷農」，更積極解決產業沈痾。黃永全舉例，在有機認證上，一般農民苦於經費有限及文書不熟稔而一愁莫展；另外，政府相關展售活動資訊應讓農村更易取得，就像肥料補助等訊息，若透過村里廣播或農事小組長、村里幹事等系統宣傳，效果應更為明顯。

老農守著農村才有今天的無米樂。黃永全強調，沒有農民就沒有農業，同時農村也需要喚回更多年輕人才能注入活力與創新思維，推動稻米產業與米食文化永續傳承。當然，農民應得到更合理的稻米售價，才能過上生活，也才談得到永續。而留在家鄉這片土地也已是他一輩子的事業。

富貴食堂，香米伴著古早風情

菁寮聚落西側，2012年開張的「富貴食堂」負責人朱榮華，大家叫她「富貴」，桃園嫁到鄰近的白沙屯，遠距離思念外婆，

造就了今日富貴食堂的古早味。

　　她回憶昔日阿祖與外婆撐起一個大家庭，家裡的灶腳，隨時有外婆的身影，任何東西就是煮熟了上桌，沒有多餘的調味與裝飾，就是讓子孫吃得飽吃得滿足。

　　1970 年出生的富貴，曾開過店、待過工廠，也做過餐車生意，當孩子大了，又興起做生意的念頭。於是她開起了富貴食堂，希望讓遊客像來到自家灶腳一樣親切。

　　富貴食堂特別選用鄰近芳榮米廠的品牌好米，為什麼使用在地好米？首先是認同地方，她想傳達對鄉土的情感。第二、菁寮逐漸吸引人潮來農村旅遊，她希望遊客來這兒除了體驗農村風情，也能品嘗到在地好米，進而把好米當伴手禮買回家。

　　她的割稻飯主要為爌肉飯，搭配菜脯蛋等小菜。常有地方人士來訂合菜，她會特別準備白斬雞、蒸魚等大菜，最重要當然是吃好米。她的廚房隨時可見一大袋芳榮米廠出品的臺農 71 號益全香米「禾家香米」，軟黏又散發芋頭香氣。她希望遊客來不只吃好米，還能理解好米得之不易。天冷時她還會適時推出糙米雞與綠豆飯，也有日本客人特地來品嘗臺南 16 號越光米。

　　有時，在菁寮老街上開創米仔麩手作饅頭小舖的楊秀玲會來幫忙。1992 年出生的楊秀玲是臺中人，在麻豆工讀期間2013 年發生意外，不慎頭皮捲入紡織機，她整整在菁寮治療

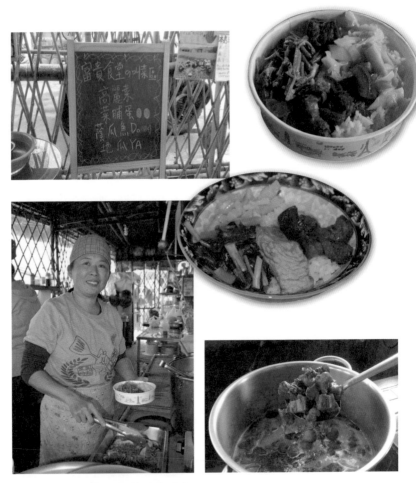

富貴食堂裝置古樸，圓型餐盒很時尚。
割稻飯強調好米與鮮蔬，焢肉是一大特色，滷得入味，肉嫩又彈牙。
女當家的希望提供消費者回憶阿媽的親切感。

靜養了 5 年，還在慢慢修復。她的外婆就是在地人，種了 10 甲地並與在地碾米廠合作，她因而更理解外婆種田的辛勞，尤其面對進口米的競爭，就連 90 多歲的外婆都知道必須友善耕作，提升品質才有競爭力。

秀玲就租下老屋，做起糙米麩饅頭生意，糙米炒香，成爆米香，研磨成粉，再與相同比例的麵粉揉成糰，成分很簡單。她還推出 DIY 課程，藉此食農教育，希望孩子們明白稻米的一生、種稻的辛苦與「撿拾」的重要性。

卡多利亞良食故事館

在菁寮不遠處的省公路上，卡多利亞良食故事館，隨著無米樂風潮帶動的新米食文化應運而生。

「卡多利亞」從 1980 年代的速食店到每天生產一定規模的餐點中央廚房，已是臺南人用餐記憶的一部分。而良食故事館進一步結合食品安全及營養教育，除了開放製程參觀之外，還有 DIY 課程讓大小朋友體驗柴米油鹽的大小事，也為米之鄉多了一處吃好米與體驗米食文化據點。

良食故事館觀光工廠有吃有體
驗。館內還陳列了舊時廚房文物,
格外發人思古幽情。
館內如入時光隧道,模型飯菜介
紹農村割稻飯,現場也展售在地
好米與特產。

第五節　金黃稻浪上的天主堂

　　菁寮聖堂位在嘉南平原心臟地帶,當稻子成熟季節,聖十
字架堂極具異國風格的尖聳方塔,飄浮在一片金黃稻浪之上
時,形成了非常獨特的文化地景。

　　如詩如畫的讚美,出現在研討會新聞稿上,揭示了菁寮天
主堂在建築文化與在地人文風景的重要性,也讓這座如隱士般
的老教堂重獲世人目光。

　　2008 年 11 月 22 日,當時的臺南縣文化處文資科舉辦「菁

寮聖十字架堂原始圖說曝光——聖堂興建歷史研討會」，為菁寮天主堂在「臺南縣的建築歷史」上立下新里程碑。菁寮天主堂獨特的建築不只是宗教聖殿，對於稻米之鄉更別具意義。

哥德式融合臺灣鄉村意象的聖堂設計

菁寮聖堂設計者為德國建築師哥特夫萊德‧波姆（Gottfried Böhm），曾於 1986 年榮獲建築界最高榮譽的普立茲獎，菁寮天主堂是他在國外的第一件作品。哥德式融合臺灣鄉村意象的聖堂設計，迄今為建築界津津樂道。

1955 年，德籍方濟會士楊森神父（Eric Jansen）甫來臺時，奉派到菁寮宣教。當年在傳統農村傳教十分困難，楊森神父藉著演奏手風琴與播放幻燈片，甚至模仿動物叫聲，拉近與人們的距離，直到 1956 年 9 月中旬順利在菁寮租屋做為臨時聖堂，舉行了第一次彌撒。同時間，楊森神父已購得土地，開始募款他經由介紹，聯繫了以設計教堂聞名的波姆家族協助規劃，很幸運地邀請到哥特夫萊德‧波姆擔任建築師，另外委託新營建築師楊嘉慶協助繪製施工圖。

波姆於 1955 年底完成聖十字架堂設計。1957 年 2 月宿舍部分先行動工並於 8 月完工，聖堂工程隨後於 11 月開始興建。楊神父承擔了種種難題並且克服募款困境，教堂終於在 1960 年 10 月 18 日完竣啟用。

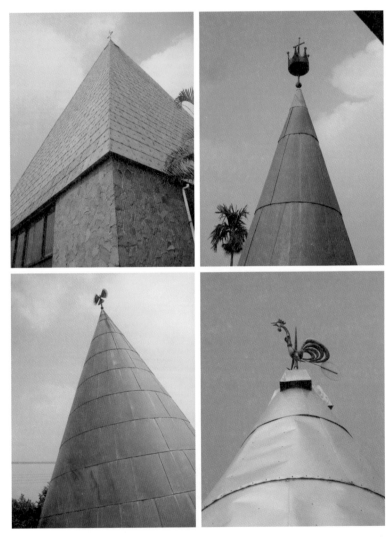

四座鋁皮椎形尖塔，分別為四方椎尖塔聖殿、王冠標記的聖體堂、鴿子標記的聖洗堂、公雞標記的鐘樓，極簡風格歷久彌新。

　　根據楊森神父的日記記載，他是透過住在科隆的舅舅若瑟‧葛勒神父，聯繫了教堂建築馳名的道明‧波姆與哥特夫萊德‧波姆父子，哥特夫萊德‧波姆免費承接教堂規劃工作。楊神父的舅舅若瑟‧葛勒神父曾在信中鼓勵他：「羅馬不是一天造成的。」楊神父在日記中這麼寫道：「天主不斷帶領我來建造祂的房子，然而身為神父必須克服許多困難，特別是嫉妒及誤解」，這是他為進入神的聖殿所必須承擔的！「經由犧牲，你得以進入我的聖殿」。而在犧牲的過程中，教會緊密結合在一起。在窮人與小孩中，有很多樂於犧牲的例子。[2]

　　這在二次世界大戰後仍深受日本建築體系影響的臺灣來說，是一次相當微妙的組合。也就是說，擁有歐洲工匠傳統技藝的德國修士，成功結合了日系與歐系，更結合了菁寮的農村特色，在一片稻浪中呈現如稻草堆的鐵皮金塔的信仰中心，這樣的建築語彙即使在今天，仍令人著迷。

四座尖塔形似秋收時的稻草堆

　　菁寮堂建築形式在於工業風格的四座鐵皮角錐尖頂，分別為鐘樓、聖洗堂、聖殿、聖體小堂，形似秋收時的稻草堆，也象徵天主在人間的帳幕。塔尖裝置的金屬標記分別是公雞、鴿

2　天主教臺南教區金慶委員會，《天主教在台南：台南教區成立 50 週年紀念 1961~2011》（臺南：聞道出版社，2012 年），頁 136~138。

子、十字架與王冠，融合傳統農村與宗教信仰的意象，強化了異國風情又融入本土情懷的設計初衷。現任本堂為法籍神父韋方濟，長年奉獻農村並且號召有志之士投入教堂維護，融入在地活動，形塑天主堂與菁寮農村文化更緊密的關聯。

　　隨著農村人口外移，菁寮堂年久失修且幾乎被世人遺忘。直到 2008 年將聖體堂內外整修，石頭鑲嵌的壁面展現歐洲建築風格，彷彿遺世獨立於鄉間。

聖誕節馬槽以尖塔和稻草佈置，很有菁寮味。
韋神父帶著教友報佳音，沿途也以稻草裝置為聖誕樹。

牛車帶領報佳音團隊從天主堂出發，十分有趣。
熱情融入稻米之鄉的韋神父，沿途帶給眾人祝福。入境問俗成了菁寮另一個話題。

第四章

節令喜慶與傳統米食

第一節　話說米的老故事

「食物，滋養的，從來不只是胃，而是一個時代。」

中央電視臺紀錄頻道《舌尖上的中國》掀起收視熱潮，而同樣是央視編著、天下遠見出版的《舌尖上的中國》一書，讀來亦趣味盎然，其編輯部執行副總編輯在「編輯手札」的結語：「食物，滋養的，從來不只是胃，而是一個時代。」實在意味深長。

話說米的源流，《舌尖上的中國》這樣敘述著：「一千多年前，中國以秦嶺─淮河一線劃分出南稻北麥的農業分布，因此造成了南方人愛吃米，北方人則離不開麵食的現象。」

「中國是全世界水稻栽培歷史最早的國家，早在七千年前，長江流域就開始種植水稻。稻子從一叢叢青翠的秧苗，出落成為黃金稻穀，配合著各地的飲食習俗，變成吃法多樣、口味豐富的米食。」《舌尖上的中國》文中特別以位在清水江源頭的地捫村為例，描繪著稻米與生命禮儀的緊密關係。故事中敘述地捫村生產完的婦女為孩子過滿月，同族的女眷挑籃提簍，裝上新米，還在新米上放上雞蛋，表示對新生命誕生的祝

福。[1]

這對生活在南臺灣，特別是農村的我們其實並不陌生；以米食為主食的人們，米食不只是溫飽，也是慶豐年、敬天地以及對生命的滿滿祝福！

飲食是一種文化的融合與禮俗的傳承。從家裡的灶腳、炊煙，市井手作古早味到現代化量產，儘管現代人們飲食多元，吃飯或點心米食仍是咱們生活中最精彩的故事。

碧雲寺出米洞平添傳奇色彩

飲食文化傳承之外，華人世界更不乏與白米有關的傳說故事。還記得兒時聽過的「雷公與閃電娘娘」的故事吧！這耳熟能詳的神話故事是警世寓言，也傳達了農業社會珍惜米糧的深厚傳統。

在南瀛大地，建於 1798 年的古剎碧雲寺，建築結合閩南及日式風格，尤其是枕頭山脈作為背景，遠望寺院古樸如畫。這樣一座隱於山林的寺廟，前有特殊地景——出米洞。出米洞是個充滿傳奇的故事。

臺南市政府觀光旅遊局特地立牌傳頌這段鄉野傳奇。傳說出米洞曾經每天都會流出白米，數量剛好夠寺內食用。後來有

1　中央電視臺紀錄頻道編著，《舌尖上的中國》（臺北：天下遠見出版股份有限公司，2012 年），頁 59-61

碧雲寺景致迷人，出米洞景點具有傳奇色彩，臺南市
政府觀光旅遊局特別設置解說牌。

2006 年北門區溪底寮東隆宮以包裝米砌成的神米龜。

2015 年在東莞的一趟差旅,這個純樸小村落每個角落都可見祀奉著土地公,顯現著華人傳統農業社會祭天敬土的傳承。

個僧人心生貪念,想將白米據為己有,於是試圖挖開米洞掘出所有白米,未料出米洞不再流出白米。出米洞是個傳揚正面價值的勸世寓言,平添古剎傳奇與米食文化的人文色彩。

歷史學者逯耀東在《肚大能容——中國飲食文化散記》書中,針對中國南米北麵的飲食形成以及對臺灣飲食的影響,這樣敘述:「中國飲食的區別,首先由南北的不同,以地理環境

分割，自秦嶺淮河流域分割成南北兩大自然區，形成南稻北粟的佈局，大約一萬年前農業出現時已經形成。以後的發展而有南米北麵的不同發展，迄今仍未變更。因此配合主食的副食品，由於地理環境不同，而形成不同的飲食風味。」

至於各地發展出的不同菜系，逯教授提到，閩菜是閩北的福州、閩西、與閩南漳、泉二州與廈門組合而成，漳泉二州又對臺灣的飲食發生直接影響。[2]

華人吃米歷史悠遠。那麼臺灣種稻的歷史呢？南科考古遺址自 2000 年以來，陸續挖出稻米化石，數量累計近 20 萬顆，年代距今約 4,500 年至 5,000 年，為臺灣目前發現最早的水稻化石。

南科遺址發現稻米化石

國立臺灣史前文化博物館的考古學習網頁記載，研究人員發現，4,500 年前的稻米化石顆粒很小，但隨著年代演化，稻米化石顆粒愈來愈大，推測早在石器時代人類已栽種稻米，且技術愈來愈進步。當時人類已有育種觀念。

記者湯雅雯在 2015 年 8 月 12 日《中時電子報》的報導中引述臺中研究史語所研究員、人類學博士李匡悌說，臺灣過去

2　逯耀東，〈海派菜與海派文化〉，《肚大能容—中國飲食文化散記》（臺北：東大圖書股份有限公司，2014 年），頁 39、頁 41。

最早發現的稻米遺址是在墾丁的陶片上發現稻米印痕，約 4,000 年前，南科發現稻米化石打破墾丁紀錄，讓臺灣稻米文化往前推進 1,000 年。李匡悌還指出，「目前全世界發現最早的稻米文化是中國大陸的河姆渡文化，位於浙江流域，距今約 6,000 年，若按照歷史演進，傳到臺灣大約是 3,000 年前新石器時代，但此次發現推翻此定論，證實臺灣稻米文化早在 5,000 年前就存在，人類遷徙、文化演進速度比預期早了 2,000 年。」稻米化石等南科考古遺址，豐富了臺灣史前文化博物館南科分館的館藏。

出米洞、稻米化石，不論是傳奇或史實，都印證了南瀛大地悠遠的食米歷史與文化。南瀛子弟耕地歷史悠久，除了南科考古隊探究了先民早有育種能力，食米文化歷經文明的發展與民俗信仰的影響，也發展出不同米食特色。

祭祀與宴客，十八重溪人最親切的招呼

民俗專家黃文博記錄東山碧軒寺迎佛祖暨遶境所著專書《走過黑夜，走過山林——東山碧軒寺迎佛祖暨遶境》，書中記載正二媽出巡十八重溪內習俗，「正二媽」（等 3 神）蒞臨各庄遶境時，各庄家家戶戶都得備辦三牲酒醴，更有「刣豬倒羊」還願的；牲醴祭品中必有米篩目（許多店家名稱為：米苔目），此為十八重溪內諸庄最道地的點心，有甜的、鹹的、炒

的等多種口味。

十八重溪鄉親在祭拜後，就以米篩目招待客人或分送親朋好友，「來食米篩目噢！」已成為十八重溪內歡迎客人最親切的招呼。黃文博也提到，米篩目不只用於神明祭典，也用於婚慶喜宴場合，更是人情味的表現。[3]

米篩目早已是常民美食，除了傳統農村收割季，也是祭祀活動的傳統點心，老市場的古早味。隨著時代變遷以及老技藝後繼無人，很多傳統市場已嘗不到這一味。

第二節　祭祀與食巧，年糕、紅圓與麻糬

許多城鎮倚著寺廟匯聚人潮而聚集成市，隨著歲月的累積而保留了許多傳統米食、小吃美味與濃厚的人情味。

臺灣除了原有住民之外，明鄭時期大量移入閩南與客家人，而後 1949 年國民政府遷臺，大陸各省籍陸續來臺，各地米食與副食豐富了臺灣的飲食文化。特別是年節與祭祀，包括農曆春節、元宵節、清明節、端午節、中元節、冬至、臘月等，各族群逢年過節或婚喪喜慶，幾乎都以各式米製糕點宴饗人神。

3　黃文博，《走過黑夜，走過山林—東山碧軒寺迎佛祖暨遶境》（臺南：臺南縣政府出版，2010 年），頁 225~226。

春天米食坊多年來堅持手做純米食，並且供應自家有機蔬菜。還有各式年糕
箭頭依序為：：油蔥粿、芋粿、紅豆甜粿、菜頭粿。

老市場人聲鼎沸仍力圖轉型

坐落在香火鼎盛的臺南市定古蹟金唐殿對面的，佳里區中山市場，日治時代草創迄今約百年歷史。曾經浴火重生，又經歷傳統產業發達到沒落，市場生意更在近 10 幾 20 年來因為外食人口遽增，自助餐與超商林立而逐漸萎縮。但因特有的地景與人文，而使得這個老市場仍稱得上是濱海地區最人聲鼎沸的市集。

市場入口意象到中央走道，眩目的彩繪燈籠融合了金唐殿王船祭文化主題，也展現老市場與在地文化的聯結。老市場歷經整頓，空間明亮、屋樑下懸掛以金唐殿信仰與牛蒡等在地物產為圖騰的布幔裝飾，平添雅緻與喜氣。

筆者在 2015 年到訪時，發現身兼自治會會長的謝春妃與夫婿李育儒是多年不見的朋友，他們在有機蔬菜栽培這條路上堅持不懈，令人佩服。此外，10 多年來他們經營的「春天米食坊」仍持續著米食傳統，例如鹹年糕是純在來米漿以竹籠炊蒸，每天限量新鮮供應。謝春妃還說了，許多攤商為了迎合忙碌上班族與現代人的飲食改變，紛紛改變經營模式，生鮮攤位增加熟食，熱食攤提供真空包裝或宅配服務等，就是要讓消費者在家開飯或做菜都更方便些。

老市場米食，遊子懷念的滋味

老市場各類可為主食或點心的米食是許多在地人最熟悉或遊子最懷念的滋味。家傳到第四代 80 多年歷史的「蘇記麻糬」，平日販售在來米製的蘿蔔糕（菜頭粿）、圓糯米做的甜糕（甜粿）。也由於消費者多有民間信仰，所以發粿、紅龜粿、紅圓等祭祀用古早味一定不可少。另外，白沙糖與紅糖、在來米製作的九層糕（九層粿），還有隨時可以享受的各種口味麻糬，是許多老顧客必買的點心。

年逾七旬的蘇黃銀（1941 年出生）與媳婦金筠婕（1970 年出生）合力傳承這老滋味。金筠婕研究所畢業的女兒蘇潔琳（1990 年出生）每天上菜市場幫忙；市場長大的孩子總有傳承老滋味的心意，所以一點都不覺得辛苦。

潔琳的弟弟諺銘也已加入傳承，主要負責在家處理原料與蒸粿。蘇家鹹粿及菜頭粿特別選用舊在來米研磨，並以傳統手法炊煮。每天新鮮現做，就是蘇記口碑相傳的重要因素。工商社會追求速度與成本，市面上不乏現成糯米粉或在來米粉製作的米食點心，但講究道地食材與工序的老店家，仍是口碑的最佳保證！對於「蘇記麻糬」來說，在來米太新則缺乏黏性，金筠婕仍傳承著老方法，蒸鹹的年糕用的是舊在來米，米漿調味之後，浸泡在熱水中攪拌熟成再蒸，有助於凝固並增加口感。九層粿也用在來米；發粿則用較有糯性的蓬萊米。

2018 年筆者再次到訪時，蘇黃銀阿媽告訴我，她從一塊麻糬 4 分錢的年代就開始在市場做生意。日治時代，白米靠配給，一般人家難得能吃上白米。到現在，大家不太愛吃飯，但麻糬等米食點心仍是尋常點心或祭祀食品。佳里市場管理員連濡娟告訴我，蘇記麻糬多年來仍堅持餡料自製，以純糯米為主要原料的麻糬，主要有黑芝麻與花生粉口味。

手工麻糬黏土地公鬍子，也黏住老顧客的胃

缺米的時代，像甜粿、麻糬本應使用糯米，但也有以蓬萊米在鍋子裡攪糊，耐心搗出糯性來。臺灣光復後，一塊麻糬漲到 2 角半。當時百業待舉，人們工作辛苦，有了吃點心的習慣，麻糬當點心方便又有飽足感，生意很好做。筆者採訪那日，正逢土地公生日，消費者絡繹不絕，都是來詢問麻糬的。民間仍保留麻糬祭拜土地公的習俗，麻糬很早就賣完了，後到的客人難掩失望。當然，中秋節祭祀土地公，麻糬消費量更大。

「傳統的古老中國，農事與四時有莫大的關聯，在播種時祭祀土地神祈求豐收，在收成時也要祭祀土地以謝豐收，前者稱『春祈』，後者叫『秋報』，所以八月十五家家拜土地公，這是『「秋報」』的遺俗……。」中秋傍晚，一般以三牲祭拜祖先，也有以米粉芋敬奉土地及祖先。《台灣舊慣生活與飲食文化》作者卓克華在書中也提到，有些地方人們在中秋傍晚以

三牲祭拜祖先,也有以米粉芋敬奉土地及祖先的習俗;中秋節吃芋頭的用意在於俗傳「食米粉芋,予囝孫有好頭路。」「芋」與「頭路」臺語諧音相近,傳達的是祝福的意涵。[4]

　　到了冬至,家家戶戶做湯圓,祀神祭祖後一家團圓,有添歲之意。卓克華在書中憶兒時,每到冬至前就開始準備應節祭品,最重要的是糯米磨成的「圓仔粞」(用以搓出湯圓的糯米糰),搓成紅、白兩色的小圓仔,一邊話家常,其樂融融。過了冬至就是臘月(12月),吃了臘八粥就要迎接春天的到來,迎接四季收豐收。卓克華特別記錄12月24日的百神上天述職之日,即「送神日」,待到翌年正月初四「接神日」,迎接眾

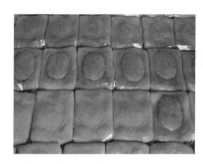

復古紅龜粿已不多見。

傳統市場仍有不少拜拜粿品專賣的店家。

4　卓克華,〈丹桂飄香話中秋〉,《台灣舊慣生活與飲食文化》(臺北:蘭臺出版社,2008年),頁7-8。

年逾七旬的蘇黃銀（右起）與媳婦金筠婕、
孫女蘇潔琳合力傳承老滋味。

手工做麻糬十分費事，但滋味就是不
一樣。包了內餡的麻糬再裹上花生粉、
黑芝麻粉，美味沒法擋。

蘇記麻糬的油蔥粿、甜粿與
紅圓、發粿。

已有數十年歷史的紅龜粿印模。

神重返人間；一般民家送神、接神，主要為送灶、接灶。祭灶神是個古老習俗，農曆 12 月 24 日這天，農家人仍有甜糕祭祀的舊俗。

春節到，家家戶戶炊年糕

緊接著春節最重要的應景米食，就是年糕了！晚稻成熟之後，到了寧波人做年糕的時候了，那是寧波人慶賀新年的傳統米食。《舌尖上的中國》有這麼一段鮮活的敘述：「下田幹活，寧波人用年糕當飯，可以節省時間。而用年糕來搭配蔬菜，既是能吃飯的主食，又是美味的菜餚。」每到年節，左鄰右舍都會互相幫忙。當地人稱年糕為團子，取團團圓圓之意。也有取春天儲藏的艾草混入蒸好的米粉糰中，揉搗成軟糯的青色年糕。[5]

《舌尖上的中國》書頁中呈現的圖片，是年糕切塊與大米蔬菜煮成的一道菜餚，展現濃濃的江南味道。人說睹物思人，看了圖片上的這道江南味兒，憶起兒時在老家，阿媽的舊廚房，我們稱之為「灶腳」。大灶上的大蒸籠炊煮的油葱粿，香氣四溢，但總得等到粿涼了，蒸籠抬到長凳上，我就大眼眶眶地望著阿媽一刀切下，細心地將一大籠的鹹粿分切成好多等

5　中央電視臺紀錄頻道編著，〈團圓與記憶的味道：年糕與餃子〉，《舌尖上的中國》，頁 67-69。

份。

　　分切之後的鹹粿，有些是要送親友的，有些是要拜拜的，刀邊上殘落的，以今天年輕人的用語是「NG 年糕」吧！阿媽把邊邊角角塞進我嘴裡，嚥下了再吞了 口水，然後巴望著拜拜過後，可以飽嘗煎鹹粿的美味。沒吃完的鹹粿，有時阿媽會煮粿仔湯當作午餐，也就是鹹粿切小塊條狀，煮大鍋湯，但並沒有加大米，這樣又有飽足感，又奇巧的餐點，就是源自南方的滋味吧！只是，那個家家戶戶炊年糕的時代已經遠去……。

　　小過年元宵節吃元宵，臺灣觀光學院副教授何金源說，現代人常把元宵和湯圓弄混。湯圓是用糯米粉加水揉成糰再塞入內餡，餡料甜鹹都可以，適合水煮。元宵做法較費工，裹粉扎實才好吃，水煮之外也可以油炸。傳統社會，一年四時不同的節慶都與米食緊緊相繫。鬧過元宵，農曆二月初二土地公生日，民間也有祭拜麻糬的習俗，一般人說是為了給土地公黏鬍子，甜甜嘴。接著是清明節，有些地區吃艾草粿。以糯米粉為主要材料的艾草粿是中國南方傳統小吃，也是客家人清明節必備食物，長江三角洲地區常以豆沙為餡。[6]

6　何金源，《愛上米食—從認識稻米到做出美味米食料理》（新北：葉子出版股份有限公司，2017 年），頁 138。

傳統年俗與祭祀裡的糯米食

糯米食品在傳統禮俗與年節裡是最為普遍的祭祀品。農曆三月三日「三日節」,有些地方以鼠麴粿祭祖或做為贈禮。清明節也有以甜糯米飯為祭品的,客家人還做麻糬與發粿。最典型的當然是五月五吃粽子了。

接著農曆七月七日俗稱七夕,民間故事裡織女與牛郎一年一會的日子,在商業社會裡將之營造為「中國情人節」。府城有七夕拜「七娘媽」,「做 16 歲」的傳統,南瀛大地則沒有這樣的習俗。

時序進入秋天,農曆八月十五以米粉芋頭祭祀土地公的習俗,在原臺南縣區已不算普遍。隨著農曆九月九重陽節吃麻糬,時序又等待著冬至到來,再到歲末接連的祭祀,都為感恩豐收與團圓的喜悅而忙碌。而米食,一直是串起一整年四季與廿四節氣至關重要的元素;特別是家有長輩或是做生意的人家,最是不馬虎。

「蘇記麻糬」金筠婕回憶著,大約在 1970 年代,佳里和鄰近沿海鄉鎮製鞋廠、紡織廠林立,上下班時間,數以萬計人潮在這些鄉鎮的街頭湧動。那時的市場賺錢容易,各式米食主食或點心攤林立,就跟各地的市集發展一樣,成就了今日的古早味,也成了各地米食文化延續或匯聚、蛻變的根據地。

話又說回來,時代不同了,南瀛傳統地區,老一輩或做生

意的仍相當重視年節祭祀，很多年輕人成家之後就不拜拜了。以佳里地區為例，昔日紡織廠、鞋廠林立，祭祀或點心銷量可觀，工廠外移，人口外流，年節生意不如以往。再有了，現代人不只是白米吃得少，也因為養生意識抬頭，點心類的米食吃得更少了。身為傳統米食傳人，金筠婕說，她就是走一步算一步！

現代人不只吃飽吃巧

老人家常說，吃飽還吃巧；然而現代人不只吃巧，也吃講究精緻、時髦，尤其是麵包、西式糕點琳瑯滿目，購買太方便了。而且當今幾乎家家有烤箱，加熱也不嫌麻煩，傳統米食點心確實面對嚴重衝擊。金筠婕直言，傳統米食點心要保有銷售量，必須像花蓮、臺東那樣發展精緻禮盒包裝，但大前提是擁有大量觀光客。

更重要的是，傳統米食要美味講究的是現做現吃，她在市場上只能盡量以少糖、不加糖和少油為訴求，並且分享這類點心保存與加熱的方法。她說，現代快速料理鍋具功能多樣化，有消費者將冰凍保存的麻糬放在氣炸鍋裡烘烤一番，美味極了！

我猶記得小時候，物質不豐富，時時就盼著年節祭祀後，可以享受阿媽自製的各式米食，像是紅龜粿沒吃完，冷凍變硬

了怎麼辦？阿媽就會拿來油煎，煎得表皮酥香脆，熱忽忽的燙著舌頭，吃得過癮！甜粿切小塊，裹上麵衣，油炸了吃，外酥內軟，嘴饞時一口接著一口，真是百般的幸福！

「蘇記麻糬」一年當中提供的應景祭祀米食

節日	日期	米食項目
農曆春節 祭祀神明、祖先 拜門口、拜地基主	除夕（初一、初二）	年糕：油葱粿、菜頭粿、甜粿、發粿等。
元宵節	農曆正月 15 日	年糕：甜粿。湯圓。
土地公生日	農曆二月 2 日	麻糬。
三日節 清明節	農曆三月 3 日 國曆四月 5 日	紅圓（芝麻、黃豆餡）。 紅龜（紅豆餡等）。 發粿。
端午節	農曆五月 5 日	肉粽、菜粽、鹼粽。
中元節	農曆七月 15 日	紅圓、紅龜。 發粿、甜粿、鹹粿。
中秋節	農曆八月 15 日	麻糬。
重陽節	農曆九月 9 日	紅圓、紅龜。發粿。
天公生	農曆 10 月 15 日	紅圓、紅龜。 發粿。甜粿。
冬至	國曆 12 月 22 日	湯圓。菜粿。 紅圓、紅龜。
送神	農曆十二月 24 日	紅圓。 很多人家還準備伴手柑。

第三節　粽子，節令應景到日常主食

　　傳統節慶當中，端午節吃粽子應是一般家庭都不馬虎的。傳統市場或市街、廟口名攤的肉粽、菜粽或迎合健康概念的五穀粽，又或是官田以特產菱角推廣的菱角五穀粽等，內餡與口味迎合忙碌上班族與養生現代人的需求，越是琳瑯滿目。

　　端午節划龍舟、帶香包、插艾蒲、飲雄黃，弔祭楚人屈原，一直是華人社會文化中，根深蒂固的傳承。《臺灣舊慣生活與飲食文化》作者卓克華在＜五月五日扒龍船＞文中是這麼說的：「大約在周朝時，五月五日已經是個特別的日子。此時正值春夏節氣之交，五月盛陽，便視五月為惡月，五月五日陽上加陽尤為凶日，所以在這一天要上山採草藥佩掛在身上，或以香草煎湯洗澡，以辟除邪穢，或舉行競渡以驅除瘟疫。」[7]漢朝以後，端午或因弔祭屈原緣故，漸漸變成一個節日，也與清明、中秋成為民間極為重視的三大節。

　　美食作家焦桐在《臺灣肚皮》一書，＜燒肉粽＞文中寫粽子「源於祭祀，稱為『角黍』，以茭包裹成牛角狀，以象徵牲禮為牛，古籍記載起源有多種：祭屈原，祭天神，祭獬豸（ㄒㄧㄝˋ ㄓˋ，先秦楚人崇拜的一種獨魚神獸），祭祖，祭鬼，祭龍。其中以祭祀神靈，祖先較為可信。」就如同中秋節吃月餅一樣，

7　卓克華，〈五月五日扒龍船〉，《台灣舊慣生活與飲食文化》，頁30。

從古到今，中秋賞月或端午吃粽子都已不只是月餅或粽子，是浪漫、是悲懷，也是鄉愁。焦桐寫道：「一粒粽子，包藏了世世代代華人的血盟記憶，和文化想像。我不敢想像，如果沒有粽子，還剩下多少人知道屈原？詩與粽子的關連如此緊密，詩人節改成粽子節料想不太有人反對。」[8]

一般而言，臺灣南部粽子，主要包入生米和餡料入鍋水煮，北部粽則是先炒好米再蒸熟。府城不乏歷史悠久的知名粽子，如「再發號」；南瀛地區常見的是長糯米包上豬肉、香菇、花生、鹹蛋黃，也有嗜好紅蔥酥炒香蝦米風味；或是做為伴手禮的八寶粽以干貝、栗子、魷魚為餡料。

焦桐另外也提到，客家粽除了鹹粽，另有粄粽和鹼粽，後者吃法跟北京人吃甜粽相似。北京人吃粽永遠蘸白糖或糖稀，他們認為粽子吃鹹的，簡直不可思議。[9]

端午最重要的當然是吃粽子了。無論應景或平時，粽子可以是主食，也可以是點心，不管消費量是否不若傳統農村時代，卻也因為食用方便而成為國人少不得的米食。

筆者在近幾年的採訪歷程中，品嚐了不少粽子。除了自己姑姑擅長以自家新鮮竹葉包的香菇肉粽，我經常在新營第三市

8　焦桐，〈燒肉粽〉，《臺灣肚皮》（臺北：二魚文化事業有限公司，2013年），頁211-頁212。
9　同上，頁215。

場買粽子，那是一對老夫妻，還利用爐灶燒柴煮粽子。小小一顆，豬肉肥瘦適中，最重要的是，灶火大鍋耐心煮得糯米熟透。儘管隨著成本提高，價格逐年微調，但大小合宜，可以解饞又不致於過量。

西港菜粽，好吃的關鍵在於米與配料

南瀛地區固然少見具全國知名度的粽子，但各地傳統市場不乏知名老攤，粽香處處。西港公有零售市場蓮華素食菜粽，名氣早已響亮。那是 2016 年，筆者初次感覺到：菜粽（素粽）可以如此迷人！位在西港慶安宮對面的西港公有零售市場內，蓮華素食攤舖醒目的招牌與清爽的用餐環境，不只婆婆媽媽喜愛，也常吸引學生上門，假日早餐時間常見大排長龍。附近港明中學不少畢業生聊到懷念的滋味，少不了市場裡的菜粽與麻醬麵。

蓮華素食原名「西港菜粽」，女老闆王繪期說，這個攤位大約始於 1983 年，原經營者是個年輕人，因為要服兵役就將攤位頂給她長年茹素的父母親。現年逾五旬的王繪期從小就對烹飪有興趣，自高中時期就常到店裡幫忙包粽子，也常和父母討論如何調整和精進食譜。其實，她的招牌菜粽，材料很簡單，但向來堅持一定要使用臺灣米，花生必定嚴選北港的，而且她不斷請消費者放心，她每次叫貨 10 斤花生，花生粉往往不到

蓮華素食的菜粽名氣響亮，女老闆王
繪期盡心傳承市場老滋味。

學甲市場裡的郭家肉粽、碗粿已傳到第三代。

一星期就用完了，保證新鮮！

當然，菜粽好吃的關鍵在於米與配料。蓮華的菜粽祕訣在於煮與悶的時間要恰到好處，才能維持糯米熟透而清爽不爛，內餡花生仁也正好夠軟綿。那是她研究多時的成果。菜粽淋上古早味油膏、豪邁地灑上花生粉再添些香菜末，豐富的層次與好滋味竟不亞於肉粽。

陳家肉粽要蒸多久？老闆說：是祕密！

傳統祭祀的需求與地方上工業發展，造就了市集攤商林立。米食不論吃飽或吃巧，或是節日應景，都是傳統市場重要

油蔥爆香的古早味是陳家肉粽的特色，
而且是用蒸的哦！

元素。隨著時代更迭，1965 年出生的陳舜麟，陳家肉粽第二代，為了因應市場需求而捨棄父親原有的麻糬、年糕生意，改賣粽子。

陳舜麟自 1987 到佳里區中山市場擺攤迄今。他直言，現在生意雖不比從前，但與客人閒聊交流也是每天的樂事。他的肉粽選用後腿肉炒香菇，加入土豆，而且採用生鹹鴨蛋黃才鮮美。陳家肉粽或素粽採蒸煮方式，糯米才會熟透乾爽而粒粒分明。至於蒸多久？他說：是祕密！

位在學甲慈濟宮對面，學甲公有零售市場的豐成碗粿、肉粽，已是傳承 40 多年的攤位。油蔥爆香的古早味是碗粿與粽子受老顧客歡迎的關鍵，同時搭配花生粉或蒜末，提供消費者雙重口味的味蕾享受。攤上另外也賣素粽與素碗粿。

郭家米食跟著節慶走

年逾 4 旬的老闆郭豐成已是第三代傳人，他說，攤位原是他的阿媽郭李腰與媽媽，婆媳兩個人合力照顧，除了粽子和碗粿，也賣炒麵、炒米粉。晚輩都說，他的阿媽是不見太陽的人，每天天未亮就到市場，必定忙到天黑了才返家。後來郭豐成的大嫂接了 3 年，直到 2004 年間市場改建後閒置了 3 年，他與同是廚師的父親郭源全決定一面辦桌，一面接手攤位，繼續賣著「俗又飽」的平民美食。

　　郭家是辦桌家庭，除了外燴之外，除夕與大年初二還推出年菜與女婿菜。粽子與碗粿之外的多元商品也跟著節慶走，例如春節有人拜菜粿、中秋節拜麻糬、清明節春捲皮開賣期間，更是大排長龍。傳統節日時，常見郭家全家老少總動員幫忙製作各種應景米食，場面相當熱鬧。

　　來市場一逛，從郭家攤位上不同的主題商品，就可以知道是什麼時節；同時也反映在地傳統禮俗、節慶裡的米食文化。

　　也可以說，人們從傳統農耕社會走向忙碌的工商時代，許多食物可以大量生產並且透過物流宅配到府，加上中央廚房製作技術與冷凍設備進步，很多米食不再侷限於地域或時令。

年輕裹粽師用手的溫度，呵護著傳統食物的生命力

　　《舌尖上的中國》書中，「團圓與記憶的味道：年糕與餃子」單元，以素有天下糧倉之稱的太湖流域嘉興為場景說：「如今，快節奏的生產和生活方式，使幾千年來一直都具節令氣質的粽子，變成一種日常的主食。」嘉興的生產線上，各地來的年輕裹粽師平均每分鐘裹 7 個粽子。「年輕裹粽師在這裡用手的溫度，呵護著傳統食物的生命力，讓這種古老的主食呈現出另一種時代風貌，但手工製作的魅力依然包裹在其中。」然而，不管社會如何變遷，有些人家仍堅持自己包粽子，或是到老店家、傳統市場去買自己最熟悉的粽子，因為手做的溫度仍是粽

子最美好的滋味。「對中國人來說，順應自然，親手做合適的食物，更意味著對傳統生活方式的某種延續。」應是對粽子最美好的註腳。[10]

東莞市中堂鎮潢涌村一家旅館旁，阿婆就著矮房燒著柴火，灶火上蒸著粽子，紮成四方形的粽子，有鹹的、有甜的。甜粽是透亮的殷紅，這透亮的紅怎麼來的？那是 2017 年夏天，筆者出差到鎮上，留宿多日，意外見到這場景，感覺回到自己兒時的臺南縣鄉下老家。

2016 年在東莞一個小鎮上，見老奶奶升灶火煮粽子，不覺回味起兒時情景。

10　中央電視臺紀錄頻道編著，〈團圓與記憶的味道：年糕與餃子〉，《舌尖上的中國》，頁 66-67。

方形像寶塔似的粽子，鹹的內餡是綠豆沙和肥肉，口感很特別。
另外，豆沙餡的甜粽染成美麗的紅色，令人驚奇。
東莞這位老奶奶還做了各式糯米點心。

　　我聽不懂阿婆的口音，只能勉強明白，她是傍晚開始忙著煮粽子，隔天一早到市場上去賣。見我對紅色甜粽子好奇，她直接給了我一把透著紅色的枝條，如火柴棒似的。當天傍晚，我找到了她的女兒，以普通話交流，大致上的理解是，煮粽子的大鍋水中加入枝條，她說是「崧木」，當地人說這枝條能益血，也有染色效果。

　　後來我查了許多資料，她指的應是可做藥材的蘇木絲，又稱「崧木條」。瞭解了這粽子的特色之後，我與同行的「春天」老師分別買了鹹的、甜的粽，鹹粽最深刻的印象是裹著一塊肥肉，沒有多餘的配料，格外鮮甜卻不覺得油膩；甜的？記憶有些模糊，應是綠豆沙吧！阿婆還有不同口味的糯米小點，讓人似曾相識。食物經由遷徙，融入不同的地理環境、氣候物產、社會型態與人文特色，就又蛻變出另一種面貌。粽子在臺灣，在南瀛大地上，早已有了相當多元的形象。

第四節　糯米食，團圓和美與生命的祝福

　　糯米在傳統米食中實在佔有相當重要的地位。冬至吃湯圓或是入厝、新人入房吃湯圓，都是美好的象徵，也是對生命新歷程的祝福。

　　猶記得小時候，阿媽總是自己搓糯米糰。村落裡的雜貨店

有磨米機，提供磨米漿服務。糯米漿經過幾道工序製成糯米糰，接著是一家老小大手小手搓湯圓，白色或是染成紅色的小湯圓滿滿的一竹篩子，令人心滿意足。除了浮了湯圓做成甜湯，阿媽也會炒香紅蔥頭、肉絲或肉末、茼蒿菜，煮一大鍋鹹湯圓。奇特的是，糯米遇上了甜湯或是大鍋菜湯所轉化的香氣，就是幸福的味道！

客家人相當重視傳統節慶與家庭團聚，一家人一起吃鹹湯圓，和和美美的，象徵團圓和美滿。

吃新娘圓，人好事圓

不論現代婚禮如何的西化或簡約，新娘「入房」之後，婆家請來好命婆給新郎新娘餵湯圓的禮俗，仍然延續著。湯圓象徵圓滿的美好意涵，就是在現代化的社會裡，仍是人們所渴求與期待的。這時候「吃新娘圓」為新人的婚禮攝影過程中，增添浪漫的畫面。新人吃湯圓，有的是讓新郎新娘各自食用後交換著吃，但不論形式如何改變，意義都是雙雙對對、圓圓滿滿。近幾年婚宴上菜之前先來一盤炸小湯圓，紅的白的，沾上糖粉或花生粉，賓客分享了喜氣，也傳達了甜蜜祝福。

家有新婚夫妻，接著就是期待與迎接新生命的到來。醫藥不發達的年代，嬰兒平安誕生與生長是天大的事，從出生、滿月到周歲的不同階段都有慶賀儀式，而對於食米的民族，象徵

現代婚宴在上菜前流行招待一盤象徵圓滿的炸湯圓，十分受歡迎。而油飯也發展出不同配料與滋味。

豐收與感恩的米食，就是不可或缺的祀品與禮品。

　　《台灣舊慣生活與飲食文化》作者卓克華，詳述了嬰兒初生之後一連貫的傳統禮俗。其中洗三朝為產後第三日的三朝之禮，在神明前為嬰兒先澡更衣後，「由祖母抱著嬰兒禮神祭祖，祭品是雞酒、油飯。祭拜完了，還要把油飯、雞酒送『外家』，告知已有外孫，並且燒金紙向娘家祖先祭拜告知，稱之為『報酒』。」此外，油飯也要送接生婆並分贈親朋好友。除了洗三朝外，也有做六日、十二日、二十四日、滿月的，產家以雞酒油飯為回禮。「習俗上，對回禮不能全部收下，須留「油飯頭」，並回贈白米少量，米上置一紅紙，紙上放油飯頭，並附小石或黑豆幾粒，取意『頭殼堅』」。[11]

11　卓克華，〈先三朝做滿月〉，《臺灣舊慣生活與飲食文化》，頁 57-58。

油飯滿月酒，新生的圓滿祝福

做滿月更是個大日子。傳統習俗上要請吃滿月酒。現代社
會，生男孩請吃油飯的禮俗沒有太大改變。只是主人家幾乎不
再自己煮油飯，油飯多半像喜餅一樣，向市場老攤位或知名廚
師、食品廠訂購，食材琳瑯滿目，有加雞腿的，有炒干貝的，
禮盒也格外高尚。生女娃的會送上紅蛋；但改贈蛋糕禮盒的也
越來越普遍了。

油飯與米糕有何區別？焦桐說，米糕即油飯，差別是米糕
有時未加作料拌炒。裝在筒模裡炊熟的就是筒仔米糕。他說，
臺灣的筒仔米糕從中部出發，以清水最出名，對於道地的筒仔
米糕更有極細膩的描繪：「作法是筒模底先鋪墊一塊肉片或一
層肉臊，或其它配料如滷蛋、筍乾、蚵乾、魷魚，再填進用
香菇、肉絲、紅葱酥、蝦米拌炒過的糯米，送入蒸籠炊熟，可
謂米糕、油飯的精緻演出。」[12]

逯耀東在「饞人說饞」文中介紹 1970 年代初出現在臺北
文壇的美食作家唐魯孫。唐魯孫自稱饞人，1946 年春天來臺，
從他所見所聞、所聞所吃也可以看出飲食的流變。話說 1949
年之後中國大陸各省人士紛紛來臺，廣東菜、川菜、湘菜或福
建等各地菜色都曾熱鬧一時。「接著有江浙菜、淮揚菜，不論

12　焦桐，〈筒仔米糕〉，《臺灣味道》（臺北：二魚文化事業有限公司，
　　2017 年），頁 115。

是金齏玉膾或山蔬野味，南北口味彙為一爐，這是中國飲食在臺灣的一次混合。」或許是因為經過遷徙的影響與材料的取得不同，唐魯孫所嘗到的已非舊時味，但是南來北往發現了不少臺灣在地美食，像是四神湯、肉粽、虱目魚粥、蟳仔米糕等古早味都讓唐魯孫吃得津津有味。[13]

油飯也就是鹹米糕。閩南人稱糯米飯為米糕，有鹹有甜。焦桐在〈紅蟳米糕〉文中提到閩南人在小孩滿月贈送鹹米糕和紅蛋的習俗。他稱道，「臺南堪稱臺灣米糕的一哥」，府城名店多為米糕炊熟後，澆肉燥滷汁，上舖花生、魚鬆、涼拌小黃瓜，形成米糕的南部風格。有的是舖上滷香菇和漬蘿蔔片。他進一步描述：「紅蟳米糕用糯米、鮮蟹烹製，可謂米糕的節慶版，突出豪華的裝扮，帶著喜氣洋洋的表情。裡面的米糕類似八寶油飯；紅蟳指性徵成熟的雌蟳，卵巢內充滿卵粒，蒸熟後呈深橘紅色，非常鮮豔。從前臺灣人視紅蟳為滋補珍品。」[14]

原臺南縣區，儘管不像府城擁有名氣響亮的油飯名攤；但不同鄉鎮或因為傳承自不同的流派、或因為物產不同，各地老店或市場攤販各有表現形式。像是北門濱海地區宴客一定少不

13　逯耀東，〈饞人說饞〉，《肚大能容─中國飲食文化散記》，頁 145-146。

14　焦桐，〈紅蟳米糕〉，《臺灣舌頭》（臺北：二魚文化事業有限公司，2015 年），頁 42-43。

了最能代表當地特色的紅蟳米糕；白河地區可能呈現的是荷葉蓮子糯米飯。

又比如像佳里中山市場這類的老市集，就不乏販售米糕與炒米粉等具節慶氣質的米食。例如「秀樓家」的古早味彌月油飯、炒米粉、香菇肉羹、清燉豬腳等熱食，太晚就買不到了！

筆者 2017 年到訪時，白河公有零售市場年約 65 歲的老闆陳烏龍與太太頂下這美食攤已 40 年。烏龍師為美食攤增加了米糕與豬血湯等多樣傳統早點，價格平易且用料實在。

烏龍師的米糕特色在於油飯的滋味

最讓筆者印象深刻的是，烏龍師的米糕特色在於油飯的滋味。每天清晨 3 點，一家人就開始備料，魷魚、香菇、蝦米炒五花肉丁，再小鍋小火慢滷，滷的過程中再加油蔥酥增加香氣。

第二代的年輕老闆陳可臻說，他們家一直使用在地米店提供的糯米。另外同樣受歡迎的豬腸豬血湯或豬肝湯等湯頭，也都以大骨熬成，就是要客人吃得安心又滿意。他們家做碗粿的在來米，也一樣是在地最新鮮的米。碗粿看似簡單，米必須在前一天就先浸泡一小時，還要炒瘦肉及蒜香菜脯等食材，製做過程很繁複。烏龍師告訴我，有個老客人每天一定要來吃上一碗粿才算一天的開始。

烏龍師伉儷退休了仍到市場幫忙，親切招呼客人。他們有女（右）接棒，老顧
客都稱許有加。

白河市場烏龍師的米糕有油飯的特質。大鍋滷肉是烏龍師米糕的祕訣。豬血粉腸湯、涼拌豬肝等小菜也都很道地。

　　大約在 2015 年，烏龍師的獨生女陳可臻不忍父親再如此辛勞，加上母親腳力不堪負荷，她毅然辭掉飯店工作，與一位阿姨合作接下攤位。擁有研究所學歷、還曾是排球教練的陳可臻束起頭巾，身手俐落，雖在一方市場攤位中，卻難掩從事服務業所歷練得來的能力與氣質。

　　老顧客頻頻誇她文武雙全，她仍謙稱，離家多年，現在才開始認識鄉親，許多老主顧上門來就只認「老」老闆。於是，兩老退而不休，每天到攤位上幫幫忙，並且招呼客人。兩老說，女兒接班後，吸引了年輕人來光顧，老攤位有了新氣象。

創意糯米食，麻香松阪糕費工卻美味

　　同時期，筆者到訪了學甲公有零售市場，自治會長謝明宗正是福濬宴席總舖師，在市場內供應油飯、炒米粉等熟食，而且擁有不少粉絲。除了傳統油飯，他的創意麻香松阪糕頗為費工。他耐心地告訴我，薑片先以麻油冷油慢炒，薑片炒乾了，辛香入油了再炒松阪肉，最後拌入糯米飯，就是香氣十足，滋養又不燥熱的主食。

　　俗話說，「師傅行不，盡看第二！」話匣子開了，謝明宗師傅還跟我分享了行話。他說，廚師的手藝行不行，就看辦桌第二道菜「魚翅羹」的功力。他的魚翅羹以雞胸骨為高湯底，濃香有層次；豬大骨高湯用來煮佛跳牆。現代人養生，大骨湯

學甲公有零售市場福澮宴席的油飯是
總舖師的手藝。油飯配料變化多,加
蝦米、芋頭丁,多了豐富層次與香氣。

糯米腸是相當普遍的常民米食。
大腸包香腸也流行加入更多配料。
鹽水當歸鴨麵線老店的鴨米血也是
米食的經典。

底熬製過程費工撈除浮油，佛跳牆炸物必先燙去油膩，消費者不用擔心浮油。這些是宴席和年菜的大菜，這麼講究健康概念，如此一來，團圓飯肯定是多吃好幾碗的白米飯了！

順道一提炒米粉。在傳統農業社會，炒米粉可說是祭祀和宴客最熱誠的款待。一般來說，爆香肉絲、香菇、高麗菜絲、黑木耳絲等等，算是最道地與澎湃的材料。當然，到濱海地區作客，最不能錯過的是肥美的蚵仔米粉。也由於南瀛是傳統農業縣，澎湖有名的「金瓜米粉」在南瀛也十分普遍。

回到糯米食，各地市場或市街上都不乏當歸鴨麵線攤，這攤位上不容錯過的就是鴨米血了。另外麵攤或滷味攤則少不了豬血糕。這些糯米炊製的米血糕應是既奇特又滋味獨道的常民美食吧！兒時，幾乎家家戶戶在院子裡養雞鴨，宰殺時必定先處理雞血、鴨血並且炊製一盤美味又滋養的米血糕，那是樸實農村生活的奢華享受吧！

米血糕、花生糯米腸，古早味趣味吃

各式各樣的糯米變化，是食米民族的智慧，也是生活的趣味。像是廟口、夜市或是賣香腸、古早味早餐店裡，花生糯米腸或稱大腸，蒸熟了直接切片吃或是煎得酥香沾醬吃，是既吃飽又吃巧；而大腸包小腸的吃法更充滿了臺式趣味。新營就有兩處名攤，康樂街上的老店香腸、大腸特色是火烤，而民生路

與中華路口的「和誠塩粿」就是煎得酥香，那是市街上有名的，排隊的臺式古早味早午餐。

閱讀焦桐的文章，不僅是文學洗禮與人情趣味，品嘗美食更像是欣賞藝術品。例如他對豬血糕就有這麼一段鮮明的描繪：「簡單，是豬血糕的美感特徵，也是生活的藝術，不矯飾，不包裝，不過度加工，透露一種質樸憨厚的美學手段，可當點心，可作菜餚，又可取代主食⋯⋯一支豬血糕在手，可以享受邊走邊吃的快感。」[15]

15　焦桐，〈豬血糕〉，《臺灣味道》，頁 121。

第五章

老手藝與市井美食

第一節　食物的演出，
米篩目、鼎邊趖、蒸腸粉

　　同樣是在來米，老市場或市井間隱藏著兼具特別手藝的美味米食。越來越難得一嘗的鼎邊趖（許多店家招牌使用「銼」），鹹甜都巧妙的米篩目，還有蒸腸粉，這些米食是人們的生活記憶，也有著先民遷徙的印記。

　　許多民間美食的名稱，多有約定俗成或諧音誤植，又或者是將錯就錯地成了行銷噱頭。美食作家焦桐在《臺灣舌頭》書中收錄了〈米篩目〉一文，他為這十分普及的臺灣傳統米食說文解字：「米篩目」流行於客家庄，乃「粄」的一種形式，源自廣東大埔，香港稱之為「銀針粉」，馬來西亞則叫「老鼠粉」。很多店家取諧音而以「米苔目」為招牌。

　　他細述的「米篩目」作法是用在來米磨成米漿，脫水後加入太白粉蒸凝成糰，經過鐵擦板的篩洞，擦出粉條，掉落滾水鍋中煮熟，即是「米篩目」。而粄條的製作工序亦然，初製成形狀 扁似手帕毛巾；米篩目則是細圓，兩端尖細。兩者製作相似，烹法相同，口感一樣，要緊的是必須當天製作當天吃。

多年前一場社區外籍媽媽聚會活動，一位媽媽料理的越南春捲，口感清爽極了。

在東莞黃涌村一家小店主打「沙縣小吃」，點了一盤炒河粉。（右上圖）

2012 年到美濃的龍肚國中差旅，那兒的孩子介紹我去吃在地人喜愛的粄條。

東莞黃涌村的市場，賣腸粉的老伯笑臉迎人。他的蒸盤爐子轟轟轟響，米漿與內餡蒸熟了，雙鏟瞬間捲起再推擠成皺折，一會兒功夫上菜了。我這才明白為什麼叫「腸粉」了！加上蛋的！淋上醬汁趁熱吃，嗯！濃濃南方味！

有趣的「米麵條」的各種形態

炒粄條到了南洋之後稱炒粿條。……臺灣粄條以新埔、美濃兩地知名，又稱「面帕粄」；閩南人稱之為「粿仔條」。米篩目加糖水即成為甜品。

這類米食十分有趣，經過遷徙與蛻變，在不同地區有了不同的名稱，不同的料理方法與不一樣的滋味。例如焦桐還介紹了源自普洱的「米干」，有點像昆明的「卷粉」、廣東的「腸粉」、西安的「涼皮」。他進一步說，滇緬游擊隊把米干帶來臺灣。選用帶糯性的優質大米，略發酵後，水磨成漿，澄濾，倒入淺盤中，蒸煮後待涼切條成白色半透明。口感像極了客家粄條，又像河粉。[1]

還有米粉，《舌尖上的中國》介紹米粉是貴州黎平最重要的米製品，集市處處可見，黎平人最喜歡吃的是湯粉。新鮮大米磨成米漿，舀漿，上籠，米漿在沸水中用旺火蒸熟，晾涼，收存。「在典型的中國南方米粉作坊裡，潔白如玉的米粉還留有餘溫，在霧氣繚繞中散發著獨特的稻米清香。」廣州人最愛吃的河粉與黎平米粉做法非常相似。「河粉 150 年前在廣州沙河一帶出現，也叫沙河粉。沙河粉更加薄而透明，口感更柔韌爽滑。用沙河粉作為主食，廣東人最喜歡的就是乾炒牛

1　焦桐，〈米干〉，《臺灣舌頭》，頁 053-054。

河，……在習慣吃麵的北方人眼裡，這大概就是用粉做的麵條吧。」[2]

1947年創始的「佳里米苔目」（店名使用「苔」字）傳到第二代兒媳黃素華，她強調，在傳統市場，純在來米製的米篩目不多見了。

「佳里米苔目」製作過程只加了鹽，不同的是製成細條過程已有機器取代。在來米製米篩目接近糙米口感，很有咬勁。她自1976年來佳里區中山市場幫忙時，市場生意相當好做，每天一開市攤前就圍滿滿的人潮。西元2000年之後，人口外移加遽，附近街區開始出現自助餐，生意開始走下坡，但她仍憑真材實料留住舊雨新知。

百年佳里中山市場隱藏許多傳統米食。

<hr>

2　中央電視臺紀錄頻道編著，〈稻米之香〉，《舌尖上的中國》，頁59-60。

米篩目、牡蠣、肉絲，還有一大塊滷虱目魚肚，北門區海濱最新鮮的食材與在地風味，加上每天新鮮熬煮的虱目魚濃郁高湯呈現的是讓人滿足的一大碗米苔目湯。

「佳里米苔目」不論是米苔目或碗粿，虎珀色湯汁的祕密在於自製的醬色：二砂糖熬的焦糖，還有以甘草、醬油熬煮的醬汁。老闆娘黃素華每天一開張就忙不停歇。

「佳里米苔目」強調純米製作。

185

百年市場裡，傳承逾一甲子「佳里米苔目」

「我這米篩目，純在地的在來米做的，只加了點鹽，很少吃得到這樣的了！碗粿也是純米做的，絕不加別的粉！」百年佳里中山市場內，傳承近 70 年的「佳里米苔目、碗粿」，老闆娘黃素華對於自己的米食用料十分得意。

「佳里米篩目、碗粿」每天清晨一開賣，攤前就絡繹不絕，許多客人是一家兩代或三代都成老主顧。2015 年筆者到訪的這一天，老闆娘黃素華雙手沒停過，但始終笑臉迎人。

她為了消費者方便，還小包裝販售並建議消費者煮湯或羹等不同烹調方式。在攤位上，她的湯頭可不簡單了，那是每天新鮮熬煮的虱目魚濃郁高湯，不論是米篩目或碗粿，虎珀色湯汁的祕密更在於她自製的醬色：二砂糖熬的焦糖，還有以甘草、醬油熬煮的醬汁。

老闆娘說：我把最好的呈現給客人！

米篩目、牡蠣、肉絲，還有一大塊滷虱目魚肚，北門區海濱最新鮮的食材與在地風味，呈現的是讓人滿足的一大碗米苔目湯。黃素華直言，她只加了微量味素提味，「我把最好的呈現給客人！」市場管理員連濡娟都忍不住說，這碗米篩目的湯頭真的很棒！

這時，一位從事失智日間照顧的林小姐說，她因為工作更

明白食安的重要性，這碗米篩目讓她吃得安心。隨後又來了位年輕女士，經常光顧，她說：這湯頭就是很讚！

許多店家的米篩目已有機器代勞，筆者常光顧的新營第三市場賣肉粽的老夫妻也賣碗粿、蘿蔔糕與米篩目，老闆娘告訴說，「我到現在還是用手工剉米篩目啊！剉呀剉到手都發抖乏力囉！」

大鍋水煮沸，在來米糰透過篩子剉成纖呀，成了細長條狀，保留了口感與古早風情。米篩目煮鹹湯，或做成甜湯，就是俗稱的「粉條」，兩相宜。

臺灣觀光學院副教授何金源在《愛上米食——從認識稻米到做出美味米食料理》書中這麼介紹米篩目：「米篩目源於廣東梅州大埔，原本兩端尖，形似老鼠，因此稱為老鼠粄（客家人稱粉為「粄」）」。臺灣 20 至 30 年代的農業社會，凡遇稻穀收割日，主事人會在上、下午兩次的休息時間準備米篩目做點心。」[3]

米篩目可為鹹食或甜食。何金源的食譜材料包括了在來粉、蓬萊粉和太白粉。小秘訣則是，若做為甜食，撈起的米篩目不宜放進冰水冷卻，會變硬。

3　何金源，《愛上米食——從認識稻米到做出美味米食料理》，頁148。

難忘粉粿伯的粉條仔冰

筆者兒時，村落裡有個「粉粿伯」，清瘦的身子，響亮的嗓音，推著三輪車沿途叫賣或在大廟口擺攤。

粉粿伯炎炎夏季裡，他粗大的手掌一把抓住粉粿或仙草凍，右手執刀一刀一刀劃開，大塊大塊地落到陶瓷大碗裡，接著又俐落地唰唰唰，刨冰覆在碗上，再淋上糖漿。我迫不及待地掏出存了許久的零錢，大口大口享受這幸福的滋味！

記憶中更難忘的是甜品「粉條仔！」那也是粉粿伯的招牌冰品。大口大口吃了碎冰，留下碗底細白粉條，湯匙邊盛起邊滑落，索幸就著碗大口大口喝，粉條溜地滑進嘴裡，真是過癮的粉條仔冰。

忙碌的工商社會加上飲食西化，各品牌早餐店林立，早午餐店也時興了起來。隱身在菜市場裡的傳統早點，豆菜麵、牛肉湯、或米篩目、鼎邊趖等，尤其是老手藝的米篩目與鼎邊趖，憑著道地的老滋味、人情味與實惠的價位持續吸引顧客百吃不膩，並且一代代地傳承著。

「小時候，住家附近有個老伯賣鼎邊趖……，」胡永得與胡玉真兄妹一直記得兒時這老滋味。胡永得後來當了廚師，因為作息不正常而極思轉型，於是大約在 2009 年邀妹妹玉真租下善化公有零售市場鄰大門的攤位賣起「老得師鼎邊銼」。

188

兒時記憶摸索出的「老得師鼎邊銼」

這鼎邊趖是兄妹兩憑著兒時的記憶，不斷請教長者與一段時日的琢磨，終於成功了，也在市場做出好口碑。鼎邊趖以在地新鮮在來米漿製做，薄薄一層，配上熬煮多時的大骨湯底與虱目魚肉、肥美牡蠣配料，搭上薑絲，鮮甜而清爽，太晚了就買不到了。

店家招牌還有以溫體肥豬肉為基底的滷肉，香嫩而不油膩，這樣的滷肉飯搭配入味的滷蛋、滷丸，老滋味讓人每天不吃上一碗都難受。同樣費心自製的肉羹、炒米粉與炒麵全是每天凌晨 2 點早起新鮮現做的傳統口味。

那是 2017 年 8 月，盛夏時節，傳統市場裡沒有空調，轟轟巨響的大電風扇吹來，吃碗熱湯仍是過癮！攤位上絡繹不絕，胡玉真手邊忙著，仍熱情地與筆者聊著。她告訴我，哥哥對食材品質相當堅持，他常說：「不好的絕不賣！」

她細數店裡不但用在地米，蠔油、沙拉油、在地米與醬油、烏醋全是知名品牌。蒜泥也是自己磨的，祕訣在於加冰水保鮮又保有辛香氣息。每天清晨 5 點不到，客人早陸續上門，平日 8 點多就差不多要收攤了。

做生意每天看盡人生百態，每天準備的都賣光光是胡玉真最歡喜的事。她還分享，有個九旬老先生每天來買 3 碗羹；另一位也是 90 多歲的老先生每天來吃炒麵，店裡也不乏年輕顧

米鄉地圖

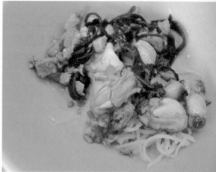

190

「老得師」店裡的手寫菜單就是古早味！
在善化市場的店面裡，胡玉真自己掌勺。
招牌古早味「鼎邊銼」，以肥美牡蠣與虱目魚
肉配料，搭上薑絲等配菜，用料實在。最重要
的是以在地新鮮在來米漿製做，薄薄一層，配
上熬煮多時的大骨湯底，鮮甜而清爽。來太晚
了，就買不到了。

191

客群，客人的肯定讓店家再累都感到心滿意足。

鼎邊趖源自福州風味小吃「鼎邊糊」、「鍋邊糊」。福州的鼎邊糊店又叫粿店；臺灣的鼎邊趖則多兼賣滷肉飯，誠如「老得師鼎邊銼」。焦桐在〈鏽邊趖〉文中記錄了以下的作法：「正宗鼎邊糊的作法是先將大米磨成米漿，以紗布裝蝦皮末煮成蝦湯；大鍋內的清水煮至七成熟時，分四次沿鼎邊澆米漿入鍋內，再放進蟶乾、香菇絲、丁香魚乾、蔥、蒜和蝦末湯調味。」[4]

福州小吃三寶──肉燕、魚丸、鍋邊糊

回味「老得師鼎邊銼」的滋味時，巧見《聯合報》特派記者汪莉絹專題報導的〈福州小吃三寶──肉燕、魚丸、鍋邊糊〉詳述，鍋邊糊以蜆子汁為湯，在福州多與肉餅等配食，是福州人平民美食。「鍋邊糊始於何時，無從查考，但有諸多傳說。傳統上福州人立夏『做夏』必吃這道食物。」汪莉絹引述清代鄭東廓「福州風土詩」云：「梔子花開燕初雛，余寒立夏尚堪虞，明目碗糕強足筍，舊蟶買煮鍋邊糊」，可見這道小吃已有400多年的歷史。[5]

前述「鼎邊趖」也有不同的寫法或說法。很多小吃名稱因

4　焦桐，〈鏽邊趖〉，《臺灣味道》，頁182。
5　汪莉絹，〈福州小吃三寶─肉燕、魚丸、鍋邊糊〉，〈三坊七巷▪福建福州〉，《聯合報》，2018.12.17，第C8版。

為取臺語音而有了「音譯」的寫法，讀來順口，卻也可能失去原有的意思。焦桐在書中解說了一番。「若以閩南語發音，鼎邊趖的趖則另有挲的意思，意謂濃稠的米漿沿著大鼎內側摩挲一圈，米漿挲過一圈，鼎內上緣即形成白白一片，經鼎中水氣升騰，再刮落入湯裡，乃有了烤、蒸、煮的工序。」這種米食製作繁瑣，得要大鍋大灶趖煮，米漿如雲片兒，表現爬滾的動作，而能有彈牙的口感……。[6]

第二節 碗粿、肉圓，在來米的幸福滋味

美食作家焦桐在《臺灣肚皮》書中說，「對臺灣人來講，碗粿有一種親切的表情。」他並且稱道：「碗粿是道地的臺南滋味。」

碗粿幾乎流行於大街小巷。市場或店面的碗粿，豐富、方便又有飽足感。臺南不論府城或縣區，不同店家有不同的配料與炊法，不同的碗粿滋味與米醬膏風味吸引各自客群，老店更是顧客代代都上門。

---

6 焦桐，〈鼎邊趖〉，《臺灣味道》，頁183。「老得師」店內項目表上有「鼎邊銼」、「鼎邊趖」兩種寫法；而「網路版」教育部國語辭典簡編本為「鼎邊銼」。

碗粿以臺南為尊，麻豆知名碗粿店家林立

焦桐筆下，臺南碗粿不乏大塊瘦肉、鹹蛋黃、蝦仁、油蔥，食用前再澆淋上米醬和肉臊。他特別提到麻豆裕益、阿蘭、金龍和助仔碗粿，他並且描述「助仔碗粿」所表現的是簡單質樸之美，創始人李助8歲就提著母親炊製的碗粿沿街叫賣，至今第三代在經營。那個農業社會的年代，街上常見挑擔沿街叫賣餐點的身影。

粿碗多半講究的是舊在來米（和米）的特性。南瀛地區不乏具全國知名度的碗粿，和府城碗粿較大的差異應是，南瀛地區的碗粿較少見到放入蝦仁的。

老鹽水昔日的夜市場，原是簡易搭棚的竹管厝。說是夜市場，後來一天24小時幾乎都有人做生意。這老夜市場幾經蛻變，成了今天的鹽水觀光美食城。這兒也有碗粿老店家。

2016年美食城開幕，首任自治會長周麗玲是周氏碗粿第三代傳人，她回憶說，她的祖父周欽，大約8、90年前人稱「山欽仔」，打從義竹挑擔來到鹽水，最早是在伽藍廟口做生意，一開始就賣碗粿，還有切大腸、粉腸等小菜。周氏碗粿材料實在，這堅持一持到今日都沒改變。她笑著說：「老招牌不能砸了！」

家傳三代，周氏碗粿每天用最新鮮的前腿豬肉

周氏碗粿每天一早採買前腿豬肉，現炒材料現炊煮的碗粿，這樣顧客若要帶回家還可以冷藏個兩三天。為了迎合現代人的需求，她增加了干貝內餡並提供宅配服務。

她說，時代不同了，這些老店家從廟口、早期的夜市場再到夜市場改為鐵皮屋、又到1989年改建為點心城，再到2016更新為觀光美食城，固然榮景不若往日，但最大的優勢就是傳承老滋味，讓異鄉遊子念念不忘。

碗粿可說是臺南最普遍的米食，從早餐到中餐可以吃到下午點心。這些年「阿蘭」碗粿大規模經營、「碗粿助」也後繼有人並且創新轉型；盛產文旦的麻豆也儼然等同於碗粿，就像嘉義雞肉飯一般。不過，各地市場都有風味獨特的碗粿。

白河公有零售市場烏龍師在招牌米糕之外，碗粿也廣受歡迎。烏龍師家的碗粿與眾不同的是，採用在地新鮮的在來米。店家告訴我，碗粿看似簡單，米必須在前一天就先浸泡一小時，還要炒瘦肉及蒜香、菜脯等食材，製做過程很繁複。

現代人吃米量銳減，但有趣的是，不同品種的米，歷經時代的演進、地域的發展，再有傳統節慶或祭祀的需求，成就與傳承了多元的市井美食。傳統市場不乏傳承逾一甲子或百年的米食老攤商。

在來米的古早味除了碗粿，還有肉圓。肉圓也就是肉丸，

白河公有零售市場烏龍師的
碗粿，以菜脯為特點。

周氏碗粿每天一早採買前腿豬肉，現炒材料現炊煮的碗粿，用料實在。

新市公有零售市場臨街的店
舖「米農庄」，賦予古早味
米食新的風尚。

麻豆「碗粿助」的碗粿油蔥
香氣足，內用或外帶銷量大，
加上一碗肉羹就很滿足。

在臺灣也是相當普遍的庶民美食。和碗粿一樣,做法也略有南北不同,一般而言是南蒸北炸。據傳北斗是肉圓的發源地,北部要以彰化肉圓最具全國知名度了,而臺南的蝦仁肉圓也堪稱代表。但是近幾年,原臺南縣區的東山肉圓、新營肉圓、佳里肉圓也都名氣響亮,而且主要都經過炸的功夫增加香氣與口感。

其實,各地肉圓和其他美食一樣,各家自有作法與風味。且聊聊老店家、傳承百年的「林家肉圓」原是在鹽水觀光美食城前身的鹽水夜市場做生意,後來遷移到美食城鄰近的康樂路自宅店面,獨沽古味又不忘創新。

林家第五代老闆林瑞焜忙裡偷閒時,熱中於為客人解說他對食材的用心,例如他的碗粿和筒仔米糕,少點油膩,更易消化,搭配四神湯,令人回味再三。

介紹「林家肉圓」之前,順道說說林家頗具代表的筒仔米糕,從昔日的陶盅到今天的金屬容器,製法仍十分講究。製作筒仔米糕的糯米必須先以高湯煮半熟,再與鮮肉、香料調配的佐料置入容器中蒸煮,同樣是減少油膩,吃來更健康不礙胃,而且口感更特別。

百年林家肉圓,就是厚工

「林家肉圓」招牌肉圓,之所以特別,是因為維持皮薄軟

靭純古法製作，而且不論是自製肉圓或碗粿的佐料醬都是利用米漿熬煮，加上糖漿、香粉等研製而成，熬煮就需耗時 3 小時，口感甜而不膩。附上清香的免費肉骨高湯，就成了叫人難以抵擋的美食。

　　筆者初次到訪已是 1980 年代的事了。多年來仍忘不了這家鄉味兒。林老闆細說林家肉圓的製作細節，外皮主要以米漿拌番薯粉古法製成，香軟滑靭，肉餡部分以上等豬肉、蔥花、肉桂粉、甘草粉等為主要材料，很有嚼勁，肉丸蒸熟後，出售前油炸一番去水分，口感層次特別。

　　同樣是在來米製作的碗粿，內有當日購買溫體豬肉、鹹鴨蛋黃和香菇，很早就建立口碑，並有批發服務。

鹽水林家肉圓的筒仔米糕用料講究且澎湃。

林家肉圓內餡是美味腿肉，起鍋前再炸一下增加口感。淋上米醬膏或特製辣椒醬，吃得滿口香！

林家的碗粿，料鮮不油膩，用料也看得見。

　　林老闆對於自己多年來的堅持十分有信心，一得空就與客人閒聊，並且耐心跟客人說明，新鮮、少油膩，其實是不礙胃的關鍵。不疾不徐說著說著，門外客人又排長龍了，老闆娘忍不住催促了起來：「說歸說，別讓客人久等啦！」

第三節　清粥小菜，臺式早餐的魅力

　　西式早餐如茶飲店一般林立街頭，深入鄉鎮，隱身在傳統市場的清粥小菜，在物價飛漲的今日，倒顯得稀罕了！

　　像是六甲公有零售市場的「玉美自助餐」，老顧客攤位上一坐，日復一日的地瓜粥一碗、小菜一碟，銅板價格吃得滿足又安心。

　　「地瓜小米粥配小菜是漢民族的無上養生早餐。」何金源在《愛上米食——從認識稻米到做出美味米食料理》書中如此簡潔的描述清粥小菜。話說「玉美自助餐」老闆陳昭居與顏玉美夫妻 20 多年來，始終堅持古法滷味，成本漲了仍不改初衷。老闆娘告訴我，她就是每天向隔壁豬肉攤現買溫體豬肉，主要料理蒜泥白肉、滷五花肉、滷豬皮等配菜副食。還有手切豬嘴邊肉，爆香再以陶鍋慢燉，滷得入口即化，肥瘦肉與豬皮兼具，做為白米飯醬汁或配上清粥，經濟又滿足。

在香港等船班空檔，嘗了一碗廣東粥，濃稠米粥，簡單配料，一解旅途勞苦。

在東莞鬧區一家餐館裡享用道地的粥品。

在嘉義山區一家民宿的早餐是粥，清爽鮮甜。

清粥配麵筋、鹹瓜、滷冬瓜，呼嚕呼嚕的老滋味

老闆娘顏玉美小時候就幫忙父親賣碗粿、肉粽，對於料理自有堅持。她百忙中還自己無毒栽培南瓜、絲瓜和地瓜等豐富菜色。源自物資貧乏的年代，農家人的早餐，清粥配麵筋、鹹瓜、滷冬瓜等醬菜，呼嚕呼嚕大口大口吃完了，天沒亮就下田去了。家裡條件好一點的，煎魚、蒸魚不可少。

她說，舊臺南縣區不只有濱海魚塭養殖，也有內陸淡水魚塭養殖，鹽漬虱目魚或豆豉吳郭魚都是配粥下飯最樸實的選擇。這些清苦時代的菜色，如今成了懷念的滋味，是許多消費者上老攤位的好味道。

永康公有市場「古早味清粥小菜」，老闆朱恬源、郭葉夫妻已經營 30 多年，許多客人一家兩代三代都成了老主顧。鄰近來的客人趕早往桌邊一坐，老闆即時來上一聲招呼：「今天吃同款的？」彼此默契十足地目光交接，不一會兒，老闆娘已送上客人每天上門必點的清粥小菜。

清粥一碗，就是難擋菜脯蛋魅力

當日現煮的各式菜色，像是更有飽足感的香腸、滷豬腳或煎魚肚、炸香魚等便當菜，許多客人每天早餐少不了的就是來上一盤菜脯蛋。就連菜市場的保全員也難擋菜脯蛋魅力。而且幾十年來仍是銅板價格，一頓早餐 50 元、甚至 40 元有找，平價美味飽暖了老顧客的心。

「粥是貧寒的象徵。70 年代以前，生活艱難的臺灣家庭即番薯籤煮稀飯，代替乾飯作為主食。……然則《紅樓夢》裡的粥未必是貧窮的符碼，如寶玉喝碧粳粥、內眷們深夜吃的鴨子肉粥、林黛玉和王熙鳳喝的燕窩粥、賈母吃的紅稻米粥……」，焦桐談清粥小菜在臺北的高度發展說，那大約是 80 年代末、90 年代初期，大家陶醉於「臺灣錢淹腳目」。……「口袋飽滿時不免晝短苦夜長，夜間娛樂興旺後，宵夜的需求乃應運發

蒜泥白肉、各式滷味配上地瓜粥，就是豐足的早餐或點心了。
「玉美清粥小菜」還有手切豬嘴邊肉，爆香再以陶鍋慢燉，滷得入口即化，肥瘦肉與豬皮兼具，做為白米飯醬汁或配上清粥，經濟又滿足。

達，很多人飲酒作樂後來到稀飯街『續攤』……」[7]

老菜市場的清粥小菜如何在現代化早餐店的競爭下立足？他們多半有個共同特色，親自選購當地當令食材，多數還自己種菜或甚至無毒栽培，就連調味料也都十分講究，就是要迎合刁嘴與重視養生的消費者。也難怪這些老店不只是在地人的餐桌，也是出外遊子懷念的好味道。

以米為主食的地方，因為環境、氣候與物產的不同，自然會發展出不同的米食點心與副食。不論清粥配小菜或白米飯搭配的菜色，走一趟傳統市場就能明白當地人的主食與副食特色。

例如六甲也是稻米重要生產地。六甲公有零售市場「六甲菓菜行」傳到第三代，曾任六甲市場自治會長的李文貴與太太李張美，天色未亮，各色蔬菜已排放井然有至，貨色琳瑯滿目。他們隨時供應當令蔬菜，給消費者新鮮感，加上五顏六色置物籃供消費者選購，方便結帳，攤位上門庭若市。

老闆娘再忙，都是笑容滿面，還能俐落地分享料理方式。這時，正忙著捕捉鏡頭的我，確實被老闆娘笑盈盈的待客之道與熱情給深深吸引。老闆娘身旁年近四旬的兒子李鈺程，默默地在旁忙結帳，整理批發菜色。「六甲菓菜行」還供應工廠、

7　焦桐，〈清粥小菜〉，《臺灣肚皮》，頁 117。

機關午膳飯菜食材，老闆娘要提供一整星期菜單，每天代為採買市場裡的肉魚等葷食配菜，供應完整的用膳食材，服務周到而贏得好口碑。

儘管每天像打仗似的，老闆娘說自己只要 3 秒鐘就能睡著，那就是最好的抒壓。兒子則是每一年給自己一次長假出國旅遊，又可以蓄滿能量再出發。

肉鬆、魚鬆，配粥古早美味

儘管現代人食米量少了，農業地區仍著重米食，飲食潮流再怎麼多樣化，一般人仍是不來碗飯，就不像吃了正餐。只要有吃飯人口，傳統市場就不乏配飯的副食攤商。特別像是佳里區緊鄰北門濱海，佳里中山市場「阿南鮮魚」只賣時節、捕撈方式、生長海域及處理流程皆正確的水產；每一種水產來源都非常清楚，攤位上還有各式料理解說以及網購宅配服務。新潮的經營行銷模式提供現代人副食新選擇。

老人家說，吃魚吃肉也得菜搭，老市場各類蔬菜攤，肉攤林立，當然，外食的年代，熟食仍是受注目的攤位。

同樣在佳里中山市場，「黑山牌」是 1981 年由朱淵源先生創立的在地美味豬肉脯店，迄今仍持續用心嚴選新鮮食材，使用繁複的手工烘培。今日新穎招牌下掛滿臘腸、肝腸、香腸等各式風味，透明箱中還有餘溫的現做肉脯、肉鬆令人垂涎。

尤其是肉鬆，那是農村社會配米飯最誘人的幸福滋味。

記得兒時，筆者的鄰家伯母回新塭老家帶回一簍虱目魚。魚背多刺肉柴，祖母和鄰居伯母就合力在灶火上將魚背炒熟了，又花一番功夫炒乾了，炒香了，又是調味又是剔大刺，許久，香噴噴的自製魚鬆吸引孩子們一擁而上，人手一把放入口中慢慢咀嚼品嘗，真香！隔天早餐的清粥可以加菜了！

「黑山牌」老闆娘朱鄭坤宜的兩個女兒利用假日招呼客人，她們介紹產品毫不馬虎：「黑山牌以蜜汁肉乾起家，用的是父親的老配方，整片肉醃料、日曬再烘烤，消費者吃得安心。瞧，整片肉看得到紋路，可不是組合肉哦！還有，我們熱銷的雪花豬肉鬆不添加黃豆粉，保證真材實料。我們還有粉絲專頁哦！」

這就是傳統市場，一個記錄與保留著咱米食文化的地方。只要還有人吃飯吃粥，市街上就少不了清粥小菜。而且靠山吃山，靠海吃海，北門濱海，昔日為「倒風內海」淤淺泥積而成的濱海地區，以傳統養殖虱目魚與牡蠣為特色，蚵寮、將軍馬沙溝、七股濱海的海鮮粥、虱目魚肚粥可是全臺知名的。在山區，那麼，竹筍粥是每天夏季最爽口的家常便飯了。

學者筆下的粥品

《臺灣味道》書裡的〈鹹粥〉一文，讀來特別親切。作者

佳里中山市場隱藏著許多道地粥品，海產類的粥品
自然是沿海特色。

多年前記錄的學甲特產永通虱目魚粥。
現撈虱目魚肚是魚粥最美好也最營養的滋味。

佳里中山市場裡的黑山牌食品，將傳統臘味與肉乾等古早味副食變成創意餐點。還有虱目魚里肌肉乾配飯也都好吃。

焦桐說，鹹粥源自泉州的「半粥」，最初流行於農業社會時期的臺灣農村。稻田請人收割，主人家煮一大鍋鹹粥挑到田地裡分盛給大家吃。焦桐記憶裡外婆家的情景，「秋日下結實纍纍的稻穗，歌詠隊般，在風中規律地搖擺金黃的頭髮，我穿梭在人影稻影間，心頭飽滿著興奮感。那是元氣淋漓的點心，吃完了又吆喝著繼續幹活。」[8]

焦桐解釋，臺式鹹粥的內容南北不同，大抵是北肉南魚，即北部用豬骨熬湯，南部則用魚骨。北部以豬肉為輔料，是為肉粥；南部用魚肉作輔料，是為魚粥。

他認為南部魚粥的內容豐富，遠勝於北部的肉粥。他還特別推崇北門地區相當知名的虱目魚粥：「我覺得學甲最傲人的文化風景是永通虱目魚粥，此店清晨五點即開市，乃因學甲鄰近盛產虱目魚的北門、將軍、七股，人們才吃得到魚頭紅燒醃瓜。」[9]

現撈的魚，鮮宰的魚骨熬製的湯底所煮的魚粥，當然特別清爽鮮美。魚肚湯裡加入熟米飯，像是泡飯，最後灑上芹菜末、油蔥酥提味，這是許多在地人最享受的早餐，或是午餐、點心。

焦桐認為：「鹹粥是臺灣人了不起的創意產業，應妥善包裝，行銷全球。」

8　焦桐，〈鹹粥〉，《臺灣味道》，頁108。
9　同上，頁109。

「中國吃粥的歷史淵源流長，各地皆有，但廣東粥卻是一絕。」有別於我們一般煮的稀飯，逯耀東在《肚大能容──中國飲食文化散記》書中細說，「廣東粥除米之外，加大骨與干貝，面上滴幾滴生油，明火煲煮至糜狀，稀稠適度又不見米粒，是件既花工夫又費時的事。這種粥煲成後，是為粥底，即白粥又稱明火或米王。」他說，粥的好壞在粥底，粥底置於小銅鍋再下不同材料，就成皮蛋瘦肉粥、及第等。臺灣也頗流行廣東粥，但他認為粥底無法與真正的廣東粥相提並論。[10]

阿媽的一碗粥，記憶深處最甜蜜的滋味

漸漸的，人們常常以麵包、比薩、漢堡裹腹，拜拜甚至於大量採購泡麵或蛋糕取代發粿、甜糕。但「人是鐵，飯是鋼」，咱畢竟是以米為主食的民族，總是要吃飯的！近幾年常有學生與我分享最懷念的滋味，往往都是生病時，阿媽為他們煮的一碗粥。

地瓜粥、高麗菜粥、竹筍粥或海產粥，暖胃又暖心的一碗鹹粥，是記憶深處最甜蜜的滋味。

10　逯耀東，〈飲茶及飲下午茶〉，《肚大能容─中國飲食文化散記》，頁132。

中山市場是個新舊交融的老市場，各家鮮魚攤各自發展出迎合消費者模式。最重要是，魚蝦料理好配飯！

六甲菓菜行供應當令當地鮮蔬，讓消費者吃在地，吃健康。

第四節　豬頭飯或雞滷飯？市井飯菜很對味

啥是豬頭飯？豬頭煮的飯？或是吃了成「豬頭」？

才不是，這是鹽水知名的老口味，清晨和黃昏，業者日增，在公有零售市場老攤販「張瑞芳豬頭飯」、三福路上「鬍鬚豬頭飯」都門庭若市；在鹽水觀光美食城裡的「胡家豬頭飯」也是許多鹽水人不想錯過的餐點。

在來米加整顆豬頭烹出獨特豬頭飯

張瑞芳的豬頭飯專賣早點，家傳三代仍維持傳統煮法和最簡單的小菜，顧客也有不少是一家三代都對這裡情有獨鍾的。

豬頭飯的特性源自於在來米，煮來「粒粒分明，不黏不韌的」，現代人習慣吃蓬萊米，往往對於豬頭飯怯步。但吃上癮的卻說：「越嚼越香，易飽又易消化」。再加上豬頭皮、香腸等小菜，很經濟，很受老顧客歡迎，特別是吃過軍中在來米大鍋飯的，更愛這一味。

豬頭飯究竟用不用豬頭？多年以前，筆者訪談時，張瑞芳在百忙中告訴我，傳統豬頭飯以一大鍋在來米加水，確實是加進一整顆豬頭慢慢煮，飯煮熟了，因為有豬頭高湯的精華，米粒多了風味，而豬頭因為米湯的潤煮更為軟嫩。豬頭整顆可取出，分成不同部位切片，加上佐料，成了絕配小菜。這是他阿

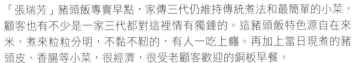

「張瑞芳」豬頭飯專賣早點，家傳三代仍維持傳統煮法和最簡單的小菜，顧客也有不少是一家三代都對這裡情有獨鍾的。這豬頭飯特色源自在來米，煮來粒粒分明，不黏不韌的，有人一吃上癮。再加上當日現煮的豬頭皮、香腸等小菜，很經濟，很受老顧客歡迎的銅板早餐。

215

公傳給他阿爸，再傳到他夫婦手中，已家傳逾半世紀。

他特別提到，傳統豬頭飯煮法，像野炊一樣煮到沒有水，火喉不易掌握，年輕人恐怕學不來了！

豬頭飯受歡迎，還因為口味傳統，再有就是低消費，銅板價就能吃得很滿足。此外，老朋友聚在一塊的感覺很有人情味。老顧客一上桌，不用開口，老闆、老闆娘立即動手切小菜、盛飯、盛清湯。唏哩呼嚕地大口扒飯，大口吃肉，不經意間就吃飽了，起身了。下一位客人接著上坐，翻桌率之高如投影片一般，令人目不暇給。

繁華一時的鹽水港，挑擔賣小吃的攤販聚集。隨著時代變遷及城鎮經濟型態改變，許多老攤商繼續在鹽水觀光美食城飄香。已傳至第四代的胡家豬頭飯，也是老鹽水人懷念的滋味。

老鹽水人的傳統早餐，當正餐點心都行

不到 40 歲，胡琼琪已是胡家豬頭飯第四代。假日一早，老顧客絡繹不絕，他的雙手快刀幾乎瞬間就切上一盤又一盤的小菜。豬頭肉、豬耳朵、粉腸、三層肉、臘味香腸、瘦肉、豬皮或蔬菜、花枝等，一盤 20 元，也可以混搭，灑上薑絲，淋上特製醬油，滿足了許多人的味蕾。這是許多老鹽水人的傳統早餐，當正餐或點心也行。

一位 30 歲的顧客點了豬肺、香腸、滷白菜、味噌湯，滿

滿一桌，加上一碗米粒鬆軟、粒粒分明的豬頭飯，大約 100 元就吃得滿足。他從小就跟著父親來吃，不知不覺就愛上了，假日喜歡偶爾來回味、回味。他的米飯還淋上店家免費供應的紅糟湯汁。「那是紅糟豬頭肉的滷汁，顧客非常愛，」胡琮琪的六旬母親鄭姿齡這麼說。

在來米，越是舊米，口感越好

豬頭飯主要以豬頭與豬骨高湯來煮飯，鄭姿齡也說了，豬頭飯用的是在來米，而且越是舊米，口感越好。美味的祕訣還在於加了紅蔥頭一起煮，使得米飯散發迷人的香氣。這一味豬頭飯，最早由曾家先祖在果菜市場挑擔擺攤，後來改到中山路與中正路口的夜市場（鹽水觀光美食城前身），接著傳子胡清淵、傳孫胡瑞銘與孫媳鄭姿齡，鄭姿齡之子胡琮琪也已獨當一面。

無論時代如何更迭，柴米油鹽醬醋茶，開門七件事，道盡了華人日常生活少不了吃，吃更少不了米。臺灣一般人的飲食分為三種：一、日常三餐，二、四秀（零食）小吃，三、年節祭品。「明清以來，臺灣移民大多來自福建、廣東，以農業墾殖為主，生活風俗習慣大致如同當時的福建、廣東。當時移民的主食包括五穀雜糧，以大米、糯米為主，也食用紅番薯。人們一日三餐，或一粥二飯，或二粥一飯。糯米製品有糯米糕、

胡家豬頭飯第三代老闆娘鄭姿齡說了，豬頭飯用的是在來米，而且越是舊米，口感越好。美味的祕訣還在於加了紅蔥頭一起煮，使得米飯散發迷人的香氣，客人也喜歡淋上紅糟湯。假日一早，鄭姿齡之子胡琮琪，也就是第四代傳人雙手快刀幾乎瞬間就切上一盤又一盤的小菜。豬頭肉、豬耳朵、粉腸、三層肉、臘味香腸、瘦肉、豬皮或後來增加的蔬菜、花枝等，一盤20元，也可以混搭，灑上薑絲，淋上特製醬油，滿足了許多人的味蕾。

糯米酒、湯圓等。」[11]

　　歷史學者卓克華博士《台灣舊慣生活與飲食文化》書中
＜日常的三餐＞文中細述主食米有粳米（炊飯用）、糯米（做
粿粽用）。又因收穫時間不同，又有當季收成的新米、舊米、
早米（春收）、晚仔米（秋收）之分。另外又有碾米精白的度
數區分精緻白米、糙白等。在品種方面，過去臺灣主要食用在
來米，現代人以蓬萊米為主要食用米。

日治時期的影響，蓬萊米成了日常主食

　　日治時期對臺灣帶來了很大的飲食改變。日本輸入改良並
種植成功的蓬萊米，一直到今天，儘管稻米的品種推陳出新，
人們也為了養生而食用多穀類及紫米、黑米等，但日常煮食仍
以具黏性的蓬萊米為主，吃壽司的習慣也深深影響我們的飲食
文化。日治時期推行的「便當」，俗稱飯包，也已經成為臺灣
人生活的一部分。便當菜成了美食節目挖空心思，努力創新的
米食特色。

　　不論飯菜如何巧思，米食食譜最大的特色仍在於米飯搭配
的菜色以當季當令蔬菜為主。另外，氣候與地理條件、產業特
色也影響物產與飲食文化。不論朝代如何更迭或異文化如何影

11　卓克華，〈日據時期台菜的轉變〉，《台灣舊慣生活與飲食文化》，頁
　　175。

響，米食形式仍不脫靠山吃山，靠海吃海。不論是簡單的配菜或粥品等米食，南瀛大地上不論是菁寮老街推出的復古農家大碗公飯，也就是白飯配爌肉「割稻飯」、沿海的學甲虱目魚粥、北門地區餐館的海鮮炒米粉與海產粥、關仔嶺的竹筒飯、蓮鄉白河的荷葉飯或官田的菱角粽，都豐富了南瀛米食文化。

當然，忙碌的工商社會，帶便當或是外食便當已成現代人的飲食常態。傳統市場隱藏的飯菜，除了米飯配小菜，通常保有了家常菜色，還有華人傳承已久的米飯加醬汁的吃法。

像是新營第三市場「阿專沙鍋魚頭」，營業 30 多年來仍維持銅板價。價目表上除了招牌沙鍋魚頭、大鍋菜和火雞肉飯，蒸籠裡每一層正熱著不同的湯品：瓜仔雞、筍絲排骨、金針排骨等不同風味的「筒仔湯」，還有罕見的香菇豬腦湯。一小盅一小盅的湯品冒著熱煙，往往一天要料理兩回合，一切辛苦就為了提供顧客不同的選擇。尤其寒冬裡配上一碗 30 元或 40 元的雞肉飯或是火雞肉、滷肉二合一的雞滷飯，就是大大的滿足。

「阿專沙鍋魚頭」老闆周增專和太太莊紋紋每天一早六、七點就不得閒了，平均每天要處理兩隻大火雞，還有炒大鍋菜做為沙鍋魚頭湯底。

新營第三市場「阿專沙鍋魚頭」，大鍋菜與炸得金黃的魚頭每天新鮮上菜。老闆周增專和太太莊紋紋每天平均要處理兩隻大火雞。在攤位上長大的女兒周詩婷（左頁下圖），拿起大杓毫不馬虎。一份銅板價的大鍋菜湯配上雞肉飯或滷肉飯，這老滋味抓住老顧客的胃！還有蒸籠裡每一層正熱著不同風味的「筒仔湯」，真是大大的滿足。

火雞肉飯、雞滷飯配碗大鍋湯

在攤位上長大的女兒周詩婷，拿起大杓毫不馬虎。她說，這鍋湯的美味在於火雞骨高湯以及沙茶香氣，搭配大量的大白菜和豆腐、豆皮、木耳。一旁是炸得金黃的草魚和大頭鰱，老饕喜歡買回魚頭來個沙鍋魚頭大鍋菜，也有客人喜歡沙鍋魚肉或只是來一份 20 元的大鍋菜湯配上滷肉飯。這老滋味抓住老顧客的胃，就因為真材實料，「俗擱大碗」（臺語）。

市井更普遍的，又比如大塊肉的焢肉飯和滷肉飯，肉汁與白米飯完美搭配，應還是嗜吃漢堡、牛肉麵的年輕人仍無法拒絕的主食。

「很多人從剛冒出乳牙即開始吃滷肉飯，吃到滿嘴假牙還和它纏綿不休。我猜想最初是臺灣先民在生活難困時期，充分利用豬肉，將肉的碎末加醬油滷煮，成為十分下飯的澆頭。一碗白米飯舖上一層五花肉丁，肥瘦鹹淡適度，腴而不膩。」焦桐這樣形容滷肉飯帶著粗獷而隨意的性格。

他仍在〈滷肉飯〉文中細述滷肉飯的南北差異以及解說以訛傳訛的一些用詞，「例如北部人叫滷肉飯，南部人多曰肉燥飯。其實此物是滷製肉丁作為澆頭，淋在白米飯上，故肉燥飯較為準確。」他說，一般店家以「魯」字因襲日久，以訛傳訛。蓋「滷」乃將原料放進滷汁裡，經過長時間加熱煮熟，屬中華料理的傳統工藝，北魏·賈思勰《齊民要術》即已記載滷製技

法，到了清代《隨園食單》、《調鼎集》更有了滷汁的配方和滷製方法。[12]

另有源自於原住民慶典的竹筒飯，在各地山區風景點也都有機會嘗得到。飯烤或烹熟後，竹筒內的竹膜脫落了，正好包

除了招牌鼎邊銼，善化市場「老得師」家的滷肉飯也是一絕。一大鍋肥而不膩的肉臊，滷出入味而彈牙的蛋，做為白米飯的澆頭或淋在炒米粉上，再美味不過了！

---

12 焦桐，〈滷肉飯〉，《臺灣味道》，頁 102-103。

覆筒內的米飯，吃起來滿滿的竹香，那是很多人野炊的美好記憶。

話說外食，少不了自助餐。比如西港市場的「水上自助餐」，包便當若想加點老闆自製苦瓜封，常常需要預定呢！

「水上自助餐」已有約 70 年歷史，第三代陳志文傳承祖父陳清佳與父親陳水上手藝所做的牛肉羹，仍是每天很早就賣完了。滷豬排或年節炸全魚，也都很熱門。魚漿、三層肉與豆薯等食材自製的苦瓜封尤其受喜愛。

蔭瓜蒸草魚、鹹瓜虱目魚頭，配粥、拌飯都合適

陳志文 70 歲的母親蔡玉葉說：「咱賺良心錢，自己也吃的才敢賣給客人。」水上自助餐最早是燒木碳煮食。迄今不變的古早味，像是蔭瓜蒸草魚、涼拌虱目魚腸、鹹瓜虱目魚頭，配粥或搭便當都合宜。1980、1990 年代西港鞋業極盛時期，水上自助餐曾經全日營業。今日鄉村人口外流，能服務老客戶也仍是一件快樂事。

最特別的是，店裡用來煮海鮮的湯頭十分清爽，不加味精，那是每天新鮮熬煮的虱目魚骨湯。幾年前母親膽固醇飆高，每天試油湯也吃出身體警訊，陳志文毅然將大骨高湯改為魚高湯。此後母親膽固醇獲得控制，藥也減量，他們也同時提供客人更健康的美味湯頭。

像這樣細火慢煨的飯菜，仍存在於許多傳統市場裡。是老農民趕早，邊吃邊與熟識的店家聊上幾句；或含飴弄孫的銀髮族帶著孫子女悠閒地享受著老滋味。但，工商社會創造了大量的外食人口，也漸漸改變了日常飯食習慣。於是，外送便當普及，又有了 24 小時營業的超商研發了各式各樣的微波餐盒，簡餐店裡的套餐菜色像是雞腿排、豉汁排骨、咖哩牛腩飯等等，都成了外食新選擇。

更多外食族直接在超商買盒沙拉、沖碗泡麵或微波餐盒解決一餐。年輕人也樂於上速食店吃漢堡、炸雞、比薩。逯耀東教授觀察香港飲食文化，鮮明的記錄著茶餐廳 24 小時的營業型態，不同時段不同食客，其中有個場景：「午夜過後，又換了一批有家卻不願回家的少年後生，他們在那裡嘻鬧高談，喝著可樂，吃著薯條，啃著炸雞排，又是另一番景象。但值得留意的是，這批少年後生又是將來引導 21 世紀香港飲食取向的人。」[13]

社會在變，年輕人的米食習慣與傳統是否漸行漸遠？又或是正在引導未來的米食取向？

13　逯耀東，「飲茶及飲下午茶」，《肚大能容—中國飲食文化散記》，頁141~142。

水上自助餐

各清魚排雞炒薑海魚魚魚魚蚵
式粥類骨腿飯薯產肚皮腸丸仔
便小便飯飯 粥粥湯湯湯湯湯
當菜當 訂餐電話：0932758932

　　「水上自助餐」葉玉葉與陳志文母子傳承了許多農家老菜色。下飯，不外乎肉魚菜的搭配。不論是年節應景的炸全魚或是平日大小菜色都是當天料理，又像是豆豉虱目小魚、難得一見的涼拌虱目魚腸、鹹瓜虱目魚頭、涼拌苦瓜、滷豆腐、炸豬排、滷豬腳、油豆腐等，配粥或搭配便當飯都合宜。

傳說中，西港市場排隊的店——西品「爌肉飯」，不到用餐熱點就已排長龍。
這鍋肉做工繁複，是美味關鍵。還有各式便當菜飯。年輕老闆再忙都堅持做工
不馬虎。

第六章

懷舊滋味與新潮點心

第一節　爆米香與麥芽糖

嗶——要爆了喔！

一聲預警、一陣哨音之後，讓人來不及反應，一聲巨響，一大缸脆酥酥的爆米香出爐了。

爆米香，這個勾起人無限童年回憶的懷古畫面，偶然間會再時興起來，或是難得的出現在街頭一隅，乍然傳出令人期待的轟然響聲。

爆米香不只是爆「米」香了

爆米香這一行，隨著進口餅乾、新興零嘴搶攻市場，這傳統行業，以傳統滋味抓住現代顧客的同時，在口味和口感上不斷推陳出新，迎合現代人。爆米香當然不再只是爆「米」香。

2000 年夏天，當時仍在小學任教的文史專家黃文博，為了給學童懷舊體驗，特定邀請家住西港的業者謝秀雲與丈夫到校園爆米香。他們當時從事爆米香已經 20 多年了。

筆者除了懷念起兒時，那個拿著鐵罐子裝白米去爆米香的歲月，也與老師傅聊了聊這一行的起起落落。老師傅感觸特別

那是 2003 年，鹽水的河南
國小（已正名「坔頭港國
小」）找來老師傅爆米香。
老師傅一家一邊大鍋熬煮麥
芽糖漿，一邊在爐裡烘米。
一會兒香氣飄散，師傅大呼
一聲：「要爆了哦！」轟然
一聲，期待的時刻來了！

師傅開啟爐子,網籠裡蹦進粒粒米香。

熱騰騰的香米粒拌入糖漿,放在木盒子裡捍平,就等著冷卻之後切塊享用啦!

深，他們體會到復古帶來的商機，但也不諱言，要抓住新生代的胃，還得求新求變，最重要的是，口味要不輸給市面上的零嘴才行。

冬天是爆米香的旺季。天氣冷，一般人較嗜吃香酥點心；一方面是冬天氣溫不穩定，成功率易受影響，產量少，生意也就顯得好。至於夏天，社區活動多，爆米香主要是配合廟會或是應邀到村庄服務，否則，大部分時間得去賣西瓜。

爆米香同業聚在一起，都不忘交換意見，一同創新口味。當年的爆米香這一行，傳統的白米香、玉米香之外，已開始有具健康概念的黑糯米、小麥，還有白米加花生。小孩子喜愛的通心粉加葡萄乾或加四季豆等，就連冬粉、米粉也都能爆，只是較費功夫。

1980 年代，爆米香的極盛時期

謝秀雲回憶，大約 1980 年代，那是爆米香的極盛期。當時經濟快速成長，鄉下多半還是大家庭，一般家庭小孩子眾多，米香是既美味，又能飽腹的零食。業者多半是巡迴到村落去「代工」，民眾提供白米或玉米，業者代爆一爐約 100 元上下的工資。

美食作家焦桐在〈爆米香〉文中寫下這段許多臺灣人琅琅上口的童謠：「新娘新娘婿噹噹，褲底破一孔，後壁爆米香，

米香沒人買，新娘跌到屎溝仔底。」（臺語）他對爆米香還有段極細膩而令人回味再三的描繪：「優質的爆米香蓬鬆而酥脆，不黏牙，鼓盪著米香和麥芽甜，那是一種米的魔術表演，」「是那一代人的集體零食，恐怕也只有它能有效召喚孩子，暫時離開尪仔標和彈珠，團團圍住壓力鍋等待爆炸，炸開現場的狂熱，炸出記憶的煙火。」[1]

回想那個年代，鄉下小孩多半靠著四處兜售的枝仔冰或爆米香來滿足嘴饞。孩子們最期待聽到村里廣播站傳來「各位里民，爆米香的，爆米香的來了，若家裡有米、有玉米的，可以拿來爆囉……！」

大人們人手一袋送到爆米香攤位處，家中的小孩就興奮尾隨，等著爆米香成形切塊的那一刻。家中捨不得爆米香的孩子只能圍觀湊個熱鬧，感受那一聲聲「要爆了喔！」過過乾癮。

爆米香生意好時忙到大半夜，如老電影般的畫面是許多人的共同記憶。有時候，慷慨的業者會把爆米香碎末送給圍觀的孩子們，大方的人家會分一塊給窮人家小孩，人情味十足。

同樣在鄉間飄著香氣的懷舊滋味，是麥芽糖！鹽水老字號家傳數代的翁記麥芽糖舖，時時飄著濃郁香氣，但多數人可能不知道，純正麥芽糖是不加糖的喔！主要原料麥芽之外，煮糯

1　焦桐，〈爆米香〉，《臺灣舌頭》，頁 25-26。

米可是相當重要的步驟。

每年冬季，也就是室溫約攝氏 23、24 度最適合製麥芽糖，嘉南地區循古法製麥芽糖的舖子，越來越難得一見。傳承至今，翁記仍以石臼搗麥芽取汁，以巨大檜木桶煮糯米和熬麥芽糖。

麥芽糖，小麥芽汁和熟糯米混合物製造出的澱粉糖

翁記第三代的翁焜城說，麥芽糖是由小麥芽汁和熟糯米混合物製造出的澱粉糖。民間認為吃麥芽糖可潤喉，小朋友則愛麥芽糖夾餅乾。

製麥芽糖首先將小麥放在竹畚箕裡發芽，室溫過高會腐爛，過低長不成。發芽第六天，翁家就全家動員清洗麥芽、搗爛取汁。

小麥芽汁和精選糯米混合後放入溫水中。兩者發酵之前，也就是翌日凌晨，全家趁著夜色將混合液取出過濾，在藺草籃子裡壓榨取汁，煮滾再過濾一次就完成了。

初熬好的麥芽糖表層凝結成乳白色，放置多日會還原成棗紅色，取少量看，呈現透光的金黃色。滿室飄香的翁記不需宣傳、不需叫賣，老顧客就聞香而至。

麥芽糖是低甜度澱粉糖，較蔗糖容易融化，不易發酵變酸，較不會有蛀牙問題，或造成腸道不適。民間以麥芽糖來潤

鹽水翁記麥芽糖是以青翠麥芽做為原料,自然又健康。
麥芽糖製作前先必須搗麥芽,利用大木桶熬煮。純古法的翁記麥芽糖是純正的
金黃色澤,讓人食指大動。

喉，翁家的傳統吃法是利用麥芽糖製梅子醋，泡生雞蛋，燉蘿
蔔或燉梨子。直接吃、沾花生或是夾餅乾更美味。

老字號新創意的麥芽餅

承襲父親昔日手工麥芽糖技術，康文章、蔡素月夫妻在老
家關廟做起麥芽餅生意，很快於 2000 年創立章成麥芽餅品牌。
軟韌而不黏牙、一口一小個的章成麥芽餅在網路上成了熱門團
購點心並擴展分店，2011 年曾獲府城十大伴手禮。

康文章是在 20 年前從母親口中得知父親曾騎單車、機車
兜售麥芽糖，父親過世後就歇業了。康文章興起了做麥芽糖的
念頭，經由母親傳授技術，純手工的麥芽糖進一步研究改變黏
性，搭配可口小巧的烘焙餅乾廣受消費者歡迎。他進一步開發
炭燒、黑糖、海苔、巧克力等不同口味的小餅乾與麥芽餅系列

傳統工法與創新行銷的章成麥芽餅，讓這古早零嘴變成時髦點心。

成為熱賣主力。另外，訴求不加脆粉、酥油的手工蛋捲與麥芽軟飴等，也都受到肯定。

未滿 30 歲的康宗霖是康文章長子，原熱中廚師工作，2016 年開始為父親分擔工作，擔任店長。筆者於 2018 年到訪時，他說，章成麥芽餅堅持純手工、不添加防腐劑，未來希望能擴展為一城市一門市，也盼能在香港、日本與大陸地區擁有門市，讓更多人品嘗到這傳統好滋味。

第二節　楊媽媽的米香與菁寮囝仔的米煎餅

《無米樂》紀錄片裡的，後壁農村濃濃的人情味與稻米香，成為現代人尋求田園體驗與樂活假期的新選擇。位在後壁火車站附近的「楊媽媽菓子工坊」，巧思研發的米麩鳳梨酥及多元口味米香，也成功征服了遊客的味蕾。

楊媽媽年輕時就愛料理，常帶著女兒淳惠、慧君與蕙如去上親子烹飪課，玩著玩著竟玩出事業來了。楊媽媽自 2001 年開始自製鳳梨酥送親友，也做為楊爸爸送給客戶的伴手禮。長女淳惠接著赴日本東京製菓專門學校專攻蛋糕；次女慧君留學法國，楊媽媽菓子工坊也於 2008 年設廠。

楊媽媽菓子工坊的米麩鳳梨酥名氣響

2008 年「臺南縣政府」配合臺灣燈會舉辦第一屆南瀛伴手禮甄選，楊媽媽以米麩金饌鳳梨酥拿下第一名，名氣不脛而走。2012 年筆者到訪時，她仔細介紹紮紮實實用料的鳳梨內餡。最重要的是，取材在地米食研磨米麩製作的酥皮，香酥不黏牙，入口即化且滿口米香，配上濃郁道地的鳳梨內餡，一度引領米鳳梨酥風潮。

楊媽媽取材米食的靈感，來自一幅稻田豐收的油畫。楊媽媽次女、也是菓子工坊總務楊慧君說，她過去常苦悶於臺南安平遠近知名，但美麗田園的家鄉—後壁卻無人知曉，「我覺得在地人要爭一口氣。」

楊慧君在高雄餐旅學院入學面試時，即有師傅問及如何運用家鄉食材。她後來赴法國藍帶廚藝學院進修，離鄉在外，對家鄉有了更深厚的情感。

於是，楊慧君延續媽媽研發米鳳梨酥與米香的心意，更確立了在地食材、手工製作的風格。新推出的麵包也揉進了米麩、黑豆等農特產品的滋味。

靠著口碑打響名氣，楊媽媽菓子工坊融合中、日、法風格的建築與綠樹如蔭，讓遊客不自覺停下腳步，享受後壁獨有的恬靜與滿足。楊慧君期待自己的努力能實踐理想，更希望無米樂故鄉的米食伴手禮成為全國知名品牌。

楊媽媽菓子工坊研發各種傳統與新潮口味的米香，口感紮實的米麩鳳梨酥也都成為熱門伴手禮。擅長法式甜點的楊慧君伉儷持續以精緻甜點的功力開發多樣化點心，米食類例如甘貝醬脆米菓或是口感豐富的麩茶都是具代表性的產品。他們希望打造菓子工坊為一處農村祕境。

多元風味米香，送禮具代表性

時隔多年，筆者於 2019 年仲夏再度造訪，那是個周末上午，遊客如織。慧君與夫婿正好到門市支援。她親切地介紹新開發的彩色馬卡龍等精緻法式甜點，以及更多風味的米香產品。她堅持，店裡有些商品是網路上訂不到，也不提供宅配服務。她希望打造門市像森林裡的糖果屋，客人到此一遊，會因為這農村有這樣一家店而感到驚喜。是店裡的氛圍吸引他們一次一次地上門來，而不是曇花一現如網紅店。

菓子工坊還開發了更多米香口味，加入米麩等多穀物，俗稱麵茶的麩茶也是熱銷產品。慧君直言，她沒有以「推廣米食」這樣的想法來侷限自己的創意，反倒是，她盡情地發揮自己在法國所學，融合國外高品質原料與家鄉在地食材，開發更多樣點心伴手禮。好吃，是建立口碑與吸引力的要件。

消費者因為覺得好吃，進而了解產品加了米，而有了驚喜，並且好奇地問：「米也可以這樣做？」「米香也有這樣的好滋味！」採購米香的消費者多半用來送禮，甚至寄到國外去。因為具有代表性！很多人，尤其是在地人可能覺得米香很平常，或因為精緻包裝與高單價，反而捨不得自己吃了！

「菁寮囡仔」的糙米煎餅

1985 年出生的菁寮子弟殷維志，在職涯摸索的過程中，

因緣際會認識了製作創意米食的業者「農產家族」，獲得技術合作指導，並且勇敢地於 2015 年 1 月在菁寮老街賣起米煎餅，以「菁寮囝仔」為品牌名稱。他的手工糙米煎餅、米香等小點提供農村遊客新奇的米食吃法，也持續開發學牙餅及更多樣化的米食點心。

曾入選「臺南市文化觀光伴手禮」手冊的「農產家族」位在學甲區三慶里頂洲。「農產家族」出品的糙米煎餅、長生穀粒（米香）等加工品，以「粗糧細吃」為訴求，創意米寶採用的是在地良質穀米炒過之後，保留穀粒的營養與香氣，再以手工製作出煎餅、米香等多樣化的產品。

農產家族在糙米煎餅的介紹文字說「採用的是烏山頭水庫流域生產的優質糙米，持著高纖、低油、低糖、不添加人工添加物且現場製作為訴求。」

煎餅脆糖齒留香，菁寮另一種風情

「四季皆稻禾的菁寮，以糙米為底蘊，做出在地的口味，期望滿足您的想像，帶給您以農為榮的快樂。」殷維志在文宣中這麼寫著，他希望製造出米香陣陣隨風飄，煎餅脆糖齒留香的菁寮另一種風情。

為了吸引遊客的購買意願，他大方地請試吃。只要有遊客路過，他立馬上前請試吃。假日遊客如織，他更不想錯過任何

「菁寮囝仔」的糙米煎餅在烤盤上成形出爐，加以創意包裝。「菁寮囝仔」殷維志戴著斗笠在老街走動式行銷，希望為《無米樂》故鄉增添創意米食新賣點。

行銷機會，全天候穿梭老街請試吃，可以說，9 成到訪的遊客都試吃過他的糙米煎餅。

　　糙米煎餅吃來如冰淇淋甜筒，特點在於利用大約 7 成的糙米粉取代麵粉，抹在烤盤上是無反式脂肪的植物奶油，素食者可以食用，也適合 6 個月以上嬰幼兒做為餐點或學牙餅。

另有糙米米香顆粒，無油加熱，爽口無負擔，並且未添加麥芽，純粹糙米炒熟磨成的糙米粉製作而成，不加香精、色素等添加物，味香而濃，可以讓消費者吃得安心。

認識菁寮子弟殷維志是在 2019 年春天。他告訴我，大學讀的是機械，輔系視覺傳導，畢業後最多曾兼 10 份工作，仍為低薪所苦，也燃不起工作熱情。他直言，自己是窮忙了大約 5 年，決定創業時並沒有足夠資金，但他心想，「最慘不過如此！我已無路可退，再也不能給自己的失敗找藉口！」於是他鼓起勇氣向家人借錢，以最有限的經費開賣糙米煎餅，第一個月就回本，讓他有了走下來的信念。

他坦承自己過去很少吃米，現代真正認識家鄉好米，也希望透過創新米食幫助米農。例如他的糙米米香以糙米無油加熱，而且不加麥芽糖凝塊，吃來更純粹無負擔。一般米麩是白米爆成米香再磨成粉，菁寮囝仔是糙米炒熟後磨成粉，吃來較香，沖泡也更濃郁，而且沒添加糖，冷沖或熱泡再加鮮奶或豆漿，美味又健康

未來，他除了繼續走動式行銷，他將更著重在網路行銷，希望為無米樂故鄉增添創意米食新賣點。

第三節　米師傅與太子米麻糬

從事烘焙事業逾半世紀的老師傅吳文宜，關懷家鄉產業，2010 年打造了「米師傅」品牌，率先研發的純米酒釀桂圓酥一舉入選 2012 年臺南市 20 大伴手禮。多年下來，米師傅不改其志，並且發心，只要有人肯學，他就願意「無私」指導。

吳文宜因此擁有了米師傅美譽。他陸續推出不同口味的米麵包、米麵條，進一步突破技術瓶頸，成功開發米烘焙預拌粉原料，成為相當活躍的米麵包與各式點心推手。米師傅的預拌粉已能製作超過 100 項產品，多數是 100% 無添加麵粉。

吳文宜原是白河區老字號的森勝興囍餅廠負責人，從事烘焙逾半個世紀。1949 年出生的他，在困頓的環境中習得靈活的處事之道，經營事業與時俱進，1997 年起配合白河蓮花節打響「蓮圃園」蓮子系列，2010 年起以米食打造「米師傅」新品牌。

米食製作體驗，遊客絡繹不絕

「蓮圃園」位在國道三號白河交流道下，現場展售各式農特產品，2 樓烘焙教室提供米食製作體驗，遊客絡繹不絕。多年來他秉持的就是不斷創新的「信念」與「堅持」，尤其要「關注」消費者的健康與家鄉產業。

米鳳梨酥、養生米麵條、米麵包、米蛋捲、玄米酥等，全是無麩質米產品，那是米師傅研究多年的成果。另有含麩質的蛋黃米滋棒等系列，可利用米烘焙預拌粉製作的食品，已逾百種。

　　吳文宜小學畢業就當學徒，辛苦出師之後曾在各地麵包廠工作，汲取新知與觀念。1968 年他曾任一家麵包廠廠長，1969 年結業於中華穀類研究所，1972 年退伍返鄉開設森勝興囍餅廠。

　　1996 年白河蓮花產業文化節打出全國知名度，翌年吳文宜即推出「蜜蓮酥」、「湘蓮酥」、「蜜蓮子」等家鄉系列，並且獲省府衛生處評選頒贈特優獎，此後連續獲得菁英獎、最佳金品口味等 6 大獎項。除了持續研發蓮子、蓮藕養生系列，吳文宜有感於國際糧荒帶來的原料衝擊，也強烈意識到米鄉的優勢，於是 2009 年接受經濟部中小企業處輔導改造，推出令人注目的純米鳳梨酥。

　　2012 年獲悉東山龍眼乾生產過剩，他便著手研發純米酒釀桂圓酥，進而入選臺南市伴手禮。光是 2019 年，他就進了 3 千多斤龍眼乾，為農民紓解不少壓力。

　　2012 年端午節，為了配合菁寮老街商圈啟動儀式，吳文宜獲邀展示米麵條製作，意外讓市府官員注意到了他研發米食的巧思與用心。他很欣慰，但也直言，米食成本較高，例如他的米麵包就比傳統麵包貴三分之一。

　　然而，米師傅不但勤於參與各地美食展售活動，更不吝於提供試吃。他總是苦口婆心介紹米麵包和米麵條的優點，就是希望能讓更多民眾也能了解米食的好處。他期待農政單位在推

廣「新米食文化」之際，能以補助烘焙設備等方式，提高學校、社區的學習意願。

身為農村子弟，加上從事烘焙逾半世紀，他深深了解農家的辛苦與米食對健康的好處。他深信，只要大家一起努力，全臺灣的民眾皆能被農村吸引，從而來參訪或購買在地特產所生產的米食，促進米鄉發展。

菁寮「稻稻來」假日販售米師傅的米麵包

菁寮「稻稻來」平日為社區老人供餐，2015 年起與米師傅合作，利用在地蓬萊米、糙米粉製作米麵包，只有周六、周日或連假販售，吸引注重養生的遊客前來選購。

米師傅說，稻米主要有秈米、粳米、糯米，各有獨特性與香氣。對水煮白米飯沒興趣的，可以選擇米麵包、米麵條或米甜點。

米師傅在品牌介紹折頁中提到，自己是 2009 年偶然承土地公聖示開始研發米食，2010 年成立米糧研發烘焙工作室，並且與康寧大學、臺灣首府大學產學合作，另外也在嘉大育成中心進駐並且產學合作。

米師傅的原料用的是臺灣米，堅持不加麵粉，迄今已開發上百種米食，例如：米馬卡龍，米饅頭、銅鑼燒、鬆餅等。而且他堅持不添加化學添加物，還開發臺灣米糧烘焙預拌粉系

菁寮老街「稻稻來」也由米師傅協助烘焙與販售米麵包，為在地增加旅遊特色與效益。

列，像是借助少量蓮耦粉、綠豆粉與蒟蒻等食材開發的養生米麵條，口感深受喜愛。

他的信念是「吃健康助農民」，期望休耕面積縮小，為活化土地努力。 他更四處奔波，深入校園與社區，致力教學推廣，希望帶動風氣，開創米食的多元烘焙時代。

太子麻糬，來自新營的蓬萊米

在「米師傅」馳名之前，新營農會就已開發出十分特別的

米食伴手禮「太子麻糬」，並且曾入選行政院農委會農特產百大精品，也獲選 2006 年南瀛經典伴手禮。更重要的是，拜新營良質米之賜，新營農會擦亮了招牌。

新營一直是良質米生產專區，近幾年推動成為稻米產銷專區，農民生產的良質米也接連獲得全國十大經典好米。「太子麻糬」便是罕見以蓬萊米製造的麻糬。糯米的韌度與彈牙口感主要來自大量的分支澱粉，臺梗 16 號分支澱粉只有糯米的 85%，製成麻糬黏牙特性和口感度適中，置放冰箱冷藏 1 周不會變硬，炸麻糬也很有風味。

新營農會當年與致遠管理學院（今臺灣首府大學）餐旅系產學合作，屢經失敗製成麻糬，好不容易才打出信仰重鎮太子宮「太子」名號，創造話題，也抓住了消費者的胃。

太子麻糬研發背後有段小故事

其實，「太子麻糬」問世及行銷成功的背後有段小故事。2003 年曾金雪在新營市農會業務陷於低迷時接下總幹事職務，學商的她認為農會光靠信用部絕對不夠，一定要發展本身的經濟事業，朝向企業化經營，才能夠在激烈競爭中存活下去。於是她激勵員工要有危機感，共同為農會及自己打拚。

新營農會根據耆老口述相傳，明鄭時期新營等地營中士兵常要出門行軍多日，於是有人搗米飯製麻糬，內包鹹菜充當軍

糧，慢慢就流傳開來，也讓研發人員對蓬萊米麻糬信心十足。

曾金雪決定把新營米發揚光大，於是推動成為稻米產銷專區。新營農民生產的良質米不負眾望，連續兩年獲全國十大經典好米。曾金雪因為經常需要到各地行銷新營好米，自覺光推銷米飯太過單調，後來發現臺稉 16 號良質米，具有黏、韌而香的特性，若能成功製成麻糬，應能創造話題。於是農會透過產學合作，克服困難，終於催生太子麻糬並且創造極好的銷售成績。

「太子麻糬」開發之初，可說是國內唯一以蓬萊米製造的麻糬，比糯米麻糬少一點彈牙口感，卻更易消化，而且入口即化不黏口。這就是太子麻糬的特色。

當年主持產學合作計畫的致遠管理學院（今臺灣首府大學）助理教授林正昌，出身屏東農村，深知白米產業困境。他當年在記者發表會上說：「大家吃麵包或月餅所用食材有一半被外國人賺走了，根據耆老口述，麻糬是祝壽拜拜的，既是給老人吃的就應該要不脹氣、不黏口。」

所以林正昌嘗試許多米，終於找到臺稉 16 號做出軟韌彈牙又不黏口的麻糬，加上紅豆、芋頭、地瓜和香菇筍絲等在地餡料，全是臺灣在地食材，真正照顧農民。

林正昌研究出製作方法，新營農會專員劉獻章接著不眠不休純手工試作，歷次失敗後終於能控制每次的品質和口感。其

甜點主廚王禹衡結合在地食材與現代人養生需求製作的米吐司，希望消費者得以嘗到精緻的米食西點，讓米食也可以很時尚。

新營農會產學合作研發的米麻糬，加上精美包裝，成了極具地方代表性的伴手禮。

實，最困難的在於水分控制，水多一分、少一分都會失敗。太子麻糬為了供貨新鮮，主要採預約訂購。

米吐司、米饅頭漸漸成烘焙坊新寵

事實上，以米為主食的人們仍相信，米容易消費，不易脹氣。於是在養生風潮日盛的今日，烘焙坊紛紛開發各式米麵包、米饅頭，例如新營已頗有名氣的「希味工坊」克服困難製作的堅果饅頭揉進了相當比例的米，成為很受歡迎的品項。

2018 年春天，筆者在採訪過程中認識了烘焙師王禹衡，他返回家鄉永康期間，致力開發以在地食材為主要原料的麵包、點心，包括他用了相當心思的米吐司。

王禹衡曾在米其林餐廳侯布雄歷練 3 年半，加上兒時上學途中買麵包吃的幸福滋味，召喚了他 2014 年返鄉於永康區寧靜的街頭開起風格小店 Start Boulangerie，成為臺南一處街景。

在侯布雄餐廳，曾任職臺灣人最高職務甜點副主廚的王禹衡告訴我，他的麵包就是兩個主題：傳統與童年，傳統其實是回到味道與健康的本質，創意而不炫技。他的麵包主要透過長時間發酵以及自養酵母，而呈現紮實口感卻不是難以咀嚼的韌度，消費者可以吃得舒服、安心。

王禹衡希望用心做的麵包、甜點能帶給更多人幸福，成為美好記憶，並且結合在地食材與現代人的養生需求。於是，他

也製作米吐司，讓消費者嘗到精緻的米食風味，讓米食也很時尚。

昔日新營農會與致遠管理學原產學合作，開發出以臺稉 16 號做出「QQ 軟軟」又不黏口的麻糬，加上紅豆、芋頭等在地餡料，極具在地特色。圖中是餐飲科學生們在發表會上展示研發成果。

第七章

稻浪裡的樂活校園

第一節　官田國小，「食」在幸福

　　2008 年全球化的氣候異常，加上穀物製作生質燃料的風潮帶來了糧食危機，許多國家禁止糧食出口，造成不少國家缺糧而引發騷動，國內也開始因應糧食危機。尤其是 2011 年之後國內爆發一連串食安問題，促成食農教育與食育觀念萌芽，直到今天在農村、校園方興未艾。

　　2005 年日本通過食育基本法之後，2013 年日本的和食與韓國的泡菜，接連獲聯合國教科文組織核定為「非物質文化遺產」，給我們帶來一連串的衝擊與激勵。

官田國小，食農教育先行者

　　也就在 2005 年，農糧署積極推動「深度米食教育——看稻子長大」計畫，官田國小在先行學校之列，並且執行到今天從未間斷。臺南市政府也是推動食農教育的先鋒部隊，並且自 2012 年起即有策略地從法令、食材、教材、農場到研習進行一連串的食育革命，還包括教育局編教材並小額補助鼓勵各校成立校園農場、學校派教師參加研習培養食農教育能力。

退休校長林保良當時還任職官田國小，即隨著臺南市政府前往日本觀摩。他受到很大啟發與鼓舞，於是在官田國小展開了食育革命。本著在地人耕耘家鄉土地的傻勁，他和全校師生從播種到收成，建構了完整了食育教育方案。更重要的是踏實、落實成為學校辦學特色，多年如一日。至 2019 年，校長王全興持續推動，每年畢業季，六年級孩子親自烹煮謝師宴就是最甘甜的收成。

官田國小組成的「食在幸福」團隊以「官田樂活小奧利佛的餐桌翻轉教育」為名稱[1]，獲得 2016 年教育部教學卓越獎銀質獎，這樣的主題當時在國內教育界仍屬異數。官田國小做為國內推行食農教育的先行部隊，在臺南市政府率先推廣食農教育的風潮下扮演了重要角色。校長王全興持續帶領團隊耕耘校園農場，落實從土地到餐桌的食育精神。

2019 年初夏，雨後的官田坐擁在阡陌縱橫的金黃稻田之間，更顯得生氣盎然。六年級的孩子們在官田鄉農會四健會與食農老師指導下，經過 4 個月插秧、抓蟲、施肥、除草，辛苦耕耘的幸福農場一方稻田稻浪飄香，而且沒有染上稻熱病，0.1 公頃地種植的臺南 16 號越光米大約收成了 100 多臺斤。

1　「官田樂活小奧利佛的餐桌翻轉教育」教學團隊成員包括：林保良（校長）、楊鎮鴻、顏秀朱、陳慶林、王薇薇、郭美琦、謝松志、陳麗珍、姜牙玲、曾冠萍、曾慧珍、胡家濱、陳銘鐘、黃麗玲、楊志弘。

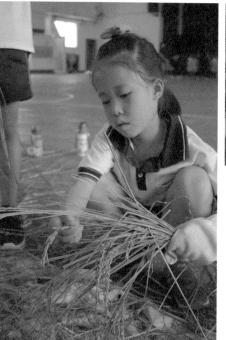

官田國小的小娃兒，神情專注地
隨著食農老師學習手工脫穀粒。

　　2019 年 5 月 15 日這天，校長王全興與六年級師生歡迎收割，一會兒功夫就滿身大汗。同學們紛紛表示，他們終於明白種稻和收割是多麼辛苦累人的工作。但回想插秧到收成過程中，邊勞動邊玩泥巴仗，農事學習也成了快樂遊戲。

　　若是天氣許可，收割後的稻子採「倒立」陰乾方式處理，這樣曬乾的稻米比較香。稻子最後請農會幫忙做成小包裝米，取名「官甜米」，一部分贈送全校師生，另一部分用於謝師宴。

老師們也跟著孩子忙體驗，直說：「真不容易！」

小娃兒戴起手套學習傳統脫穀粒

2019 年 5 月 17 日天是低年級小朋友的食農課程時間，食農老師和導師協同帶領一年級同學前往大禮堂。連日的雨，六年級同學收割的稻子只能先鋪在禮堂風乾。

小娃兒戴上超大的工作棉手套，蹲著或站著，圍著稻穀忙活兒。食農老師帶著大夥兒採用最傳統的脫粒方法，一手抓一大把稻穗，另一手大拇指與食指緩緩地用力地劃過稻穗，小小指尖進行脫粒。這在機具不發達的農業社會裡，必須多少人力和功夫才能完成！其實很辛苦！但畢竟是體驗課程，小朋友忙得開心！就連在旁觀察，順手嘗試的學務主任謝松志也跟著小朋友說：「還滿有趣的！」

不一會兒功夫，小娃兒汗流滿面。問一個忙得專注的小女孩，「你會脫粒耶！學校種稻子，你是不是也愛吃米飯？」她露出純真的笑容說：「我愛吃麵！」一旁的小男生冒出頭來搶著說：「我愛吃飯！」另一個男生也說愛吃飯。先搶答的男孩解釋說：「我都拌鹽巴和辣椒吃，這樣就很好吃了！」我猜，這麼夠勁的吃法，這孩子應該是和阿公阿媽一起住，常跟著老人家豪邁地吃飯拌醬油吧！另一個男孩也興沖沖地分享：「我喜歡吃白飯。只吃飯就很好吃啊！」

越簡單越美味！我邊欣賞童言童語，邊猜想著：成長於烏山頭水庫、嘉南大圳灌溉的稻米產地，這男孩果真吃著最新鮮

的米，從小就懂得品出白米飯的香氣、咀嚼出稻米的甜美滋
味。

食育老師鄭興陸說，傳統農村，若是稻穀數量大一些，就
用摔桶。他讀中學時代，放假都必須幫忙農務，那時候家裡用
一個大桶子，一大把一大把稻穗摔在桶子邊緣，穀粒落到桶子
裡，接著是曝曬和脫穀等一系列工作，相當辛苦。他教孩子們
手工脫粒，是讓他們體會傳統農家工作，更希望孩子們體會粒
粒皆辛苦。

食農教育不只是學習勞動

「食農教育不只是學習勞動，也是一連串師生共同參與的
主題學習活動，是綜合學科，讓學生從土地學習到自然的美妙
與生命的可貴。」這是官田國小在食農教育網上所揭櫫的願景
與目標。於是官田國小食在幸福團隊，規劃、設計了一系列課
程，引導學生認識在地文化、食物及了解農業與自然的關係，
培養學生對食物的意識、土地的情感，更納入飲食倫理、正義
及美學等內涵。孩子們從中拉近了食物、農業、自然及土地的
關係，盼能在潛移默化中，成為健康幸福的樂活飲食生活達
人。

特別是近幾年食安問題頻傳，官田國小設計實施的「官田
樂活」教學方案，實際體驗孩子經由種植、摘取、清洗和烹煮，

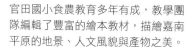

官田國小食農教育多年有成，教學團隊編輯了豐富的繪本教材，描繪嘉南平原的地景、人文風貌與產物之美。

官田國小坐擁稻鄉綠野。

完整地學習從種子到餐桌的歷程，並且理解食物里程而養成愛物惜物與 You are what you eat. 更可貴的是，孩子的表現可以得到社區及家長的認同，進一步凝聚親師之間與學校家長之間的鄉土情懷。

　　官田開發甚早，官田國小將明鄭時期陳永華參軍、日治時期烏山頭水庫與嘉南大圳設計建造者八田與一，以及使用在地食材做出世界冠軍麵包的吳寶春、推廣校園食育不遺餘力的英國名廚傑米‧奧利佛等人視為典範。尤其是嘉南大圳將嘉南平

原灌溉成臺灣大米倉，官田國小推動食農教育，格外的順理成章。

其實，日本政府早於 2005 年 6 月 17 日通過「食育基本法」，從中小學加強推廣「食育」，英國也將飲食教育正式納入國民義務教育課綱，規定學生 14 歲以前必須學會烹飪至少 2 道菜餚。長年推動官田國小食農教育的楊鎮鴻主任直言，推動食農教育的理念，不是為了培養專業的農夫或廚師，而是希望喚醒學生真正投入且享受學習的樂趣，將學習的主動權交回他們自己的手上。誠如學校的食農教育網站上所揭示的：「因

官田國小校園裡的農場，師生自己養菌、堆肥和育苗。

校園裡的「踏實厝」，利用稻殼、黏土等傳統建材搭建的土埆厝。

為，吃不只是吃，而是對自然、社會與文化的反思。吃要有價值、有公義、更環保，讓我們從教育扎根，用食物把世界變得更美好。」

官田國小的孩子，在幸福農場與魚菜共生網室種植蔬果，自己養菌、堆肥，而且目標是每位學生在烹飪課程上，經由四健會及媽媽教室的志工媽媽教導，在畢業前學會料理一桌菜色

與點心。戶外教學與體驗方面,也參與農糧署學童種稻體驗活動,辦理米食成果發表會,深入了解米食文化。也可以說,烏山頭水庫與嘉南大圳澆灌的大地,都是孩子們的教室。

官田國小一到六年級都有不同的食農教育課程,多年來學校編定了完整的教材。學校最早於 2013 年就首開全臺先例,協助編輯臺南市食育教材及動畫影片,接著多次在臺南市教學卓越評選中成果豐碩。「105 年度食在幸福團隊」以「官田樂活小奧利佛的餐桌翻轉教育」名稱進一步獲得教育部教學卓越獎銀質獎;六年級學生創作的鴨間稻米繪本《鴨間稻的一生》獲農糧署主辦全國米繪本比賽全國第二名。學校還與官田區公所組成策略聯盟,推動綠色營養午餐,學校營養午餐也供應社區獨居老人,關懷弱勢。

5 菜一湯,謝師宴上菜

2019 年 6 月 17 日,六年級甲、乙兩個畢業班在練習多次謝師宴料理之後,這一天,就要針對 6 年的食農教育學習成果進行總驗收。至此,官田國小的食農教育已經邁入第 7 年,靈魂人物楊鎮鴻從最初擔任教務主任到總務主任,出身農家的他,仍心繫著食農教育課程。這天滂沱大雨中,在大禮堂的會場,很早就見到他忙裡忙外的身影。

同時間,畢業生李芯彤在白板上,畫上謝師宴海報。她受

訪時說，希望今天的料理能成功，她很感謝老師們帶領同學下
田長知識。她回憶種稻過程，「最苦的是除草，回到家都長疹
子了。但是現場看著同學仍在努力，鎮鴻主任也沒停下來，自
己就不敢偷懶了。」她還說，種稻最開心的是，看著金黃稻穀
變成愛心米、變成包裝米！

　　孩子們分組下廚。王校長忙著拍照留下珍貴紀錄，也特別
向筆者介紹官田區農會家政班指導員許美惠與班長李素真帶著

團隊一路協助。兩班的導師曾冠萍、曾清珠看著孩子們從產地到餐桌，從不會起火、拿刀、打蛋，到畢業前夕共同料理 10 桌謝師宴，5 菜一湯真是太有意思了。家政班的婆婆媽媽志工們在孩子身邊叮嚀、協助，同學們笑稱自己像在戰場上，媽媽們則誇：「願意動手就很棒！」

畢業生黃郁善從小跟著父母以米飯為主食，而且她在家也幫忙下田，常在田裡嬉戲。她在學校下田，回到家偶爾也喊累，

六年級畢業前的謝師宴，齊力下廚，剁、切、燙、燉等方法樣樣自己來。

但爸媽告訴她：「很少學校有自己的農場。現代孩子能下田是很幸福的！」郁善笑著說，她將來可能不會務農，但她希望做個假日農夫，也帶著自己的孩子體驗下田甘苦。

另一個男同學王嘉昌直說，自己偏愛吃麵；但是他既然自己下田了，就應該多吃米飯，最少不怕添加物問題。羅耀宗切菜的架勢十足，他說，學會煮飯菜，若是出外讀書或父母不在家，也能自己料理，「那就不會餓著，也不會那麼花錢！」

食農教育與實作行動的重要性是什麼？楊鎮宇在《食・農——給下一代的風土備忘錄》書中呼籲，參考美國教育學者杜威（John Dewey）在《民主與教育》中所言：「學校裡的園藝、編織、木工、金屬操作、烹飪等，是把人類的這些基本關切包括到教材裡，但絕不是訓練謀生能力的意義。」杜威的觀點被簡述為「做中學」，目的在啟發參與者思考人與環境的關聯。以園藝為例，「不必當作培養未來園丁的功課來教，也不必當作一種愉快的消遣，而是藉此打開一條知識通路，使學生理解農業和園藝在人類歷史上的地位，以及兩者在當前社會組織中居於什麼地位。」[2]

2　楊鎮宇，〈前言：從自己土地上長出來的食農教育〉，《食・農—給下一代的風土備忘錄》，頁 29~30。

孩子從中懂得盤中飧，粒粒皆辛苦

學校結合產官學及社區等內外資源，一步一腳印，孩子從中懂得盤中飧，粒粒皆辛苦；許多外地家長也因認同官田國小的理念，而將孩子送到這兒來就讀。有孩子說，上了食農課之後才明白，平常愛吃的炸雞可樂都是「紅燈」食品。家長也說，孩子放學後，竟然主動說不要常吃炸雞！

在這兒，一年級小朋友就開始學種菜，抓蟲，農場就是孩子們最生動的生態課。一年級導師說，現代的孩子多半挑食，但她發現很大的改變是，孩子們自己種自己摘的菜，變成午餐之後，人人吃得津津有味，原來不愛吃菜的，都覺得蔬菜好吃了！

楊鎮鴻主任也觀察到，學校的午餐，同學們只要知道是自己種的菜，哪怕是青椒或茄子，就都吃光光。學校落實了從產地到餐桌，而且還學煮飯、做菜，潛移默化地學習了惜福感恩。還有一點，孩子們親自體會了自己養菌，培養有機肥所種植的稻米，真的是好吃的米，也就更愛吃米飯。

家長的支持，更是學校能永續推動的正面能量。楊主任說，食農教育推動之初，學校透過班親會溝通，進行價值澄清，再有官田區農會家政班與在地青農等資源的協助，食農教育的實踐，比起說教，更有成效。

從都會區學校調任到官田國小的王全興校長持續且積極推

動城鄉交流，接待都會區的孩子來體驗一日農夫。孩子們經過三次的演練，畢業前夕終於上菜，煎、燉、煮都上手了！有家長跟他分享，孩子在家煮菜給爸媽吃，讓他們好感動、好驚喜！

　　學校除了循往例推出包裝米「官甜米」，還首度頒給孩子們「我是大廚師」證書。校長說，工商社會，人們習慣外食，官田國小的孩子學會了下廚的生活技能，未來潛移默化就能為自己的健康與農業永續，盡一分心力。

　　官田國小除了一小片稻田和各季蔬菜，也加強栽種官田特產菱角。校園一隅有堆肥場，樹下一大桶一大桶的菌肥，是師

校長王全興帶著畢業生感受稻米收成，與包裝成伴手禮的喜悅。

生一起培養的。謝松志主任帶著我參觀時說，有時失敗了，陣陣惡臭讓大家哭笑不得。也有小朋友一開始看到蟲就哇哇大叫，幾年下來，已能一口氣抓 10 多隻！那是相當有意義的教育過程。

校園還利用稻殼、黏土等傳統建材搭建了土埆厝，還有竹管厝做為工作坊或休憩亭。在官田國小，校園也是農園，食農則不是理論，而是校園生活的一部分。

第二節　新東國小，小農夫種稻「趣」

後壁青農賴承麟回鄉之後，亟思藉由自己的經驗推廣食農教育，一方面也能回饋農村。正好當時任教菁寮國小的李榮宗老師，積極推廣校園食農教育，於是促成了產學合作並且催生了菁寮國小「相伴米」。

那時李榮宗老師正在為孩子們找地，因緣際會找上了賴承麟，賴承麟慨然提供五分地供小朋友種稻。賴承麟回憶，時下食農教育有不少都虛應故事，他認為要推行就必須讓學生全程參與。

後壁是稻米之鄉，李榮宗老師認為，身在稻米之鄉的子弟豈可不知稻米為何物？安排一系列種稻課程，是為傳承稻米產業文化與技術。而且為了讓孩子實際運用科學方法，研究並落

許多孩子感受到，生長於稻鄉，能下田是幸福的！

實慣行與自然農法的差異，從整地、插秧、田間管理、稻收倉儲到包裝賣米等過程，他都堅持讓孩子親力親為。

菁寮國小種出品牌米「瀛光米」

菁寮國小的種稻計畫開展了，賴承麟也去幫忙上課，技術性輔導。第一年採行類慣行農法，第二年已可以執行自然農法，孩子們也學習菌培養做益肥，親自除草。最初，農民見孩子們拔草總說：「何必這麼麻煩！藥噴一噴就好了！」但漸漸有家長們看到了，也紛紛認同孩子們辛勤的態度：「這就對

了！」進而有家長參與其中，像昔日農村的「相伴工」，而且種稻不只是教育和學習，孩子們更體驗了自己耕耘的成果，是可以出售的。

菁寮國小收成的米，經過包裝設計的品牌米「瀛光米」，就這麼誕生了。榮興碾米廠還協助菁寮國小參加 2013 年良質米競賽，第一階段田間管理獲第一名，學校與米廠攜手努力獲得肯定。後續雖然因為學校單位的參賽資格不符，而只能參加地方友誼賽，但已為學校寫下食農教育的美好篇章。孩子們還參與展售，並且做成小冊子《南瀛之光──學生稻米栽種成果集》、設計伴手禮盒，在一系列活動中受到注目。

李榮宗在成果集小冊子的序文＜親近故鄉的泥土、吸收祖先的智慧＞中說，「四個多月來，孩子即使烈日當空，照樣按步驟在稻田間揮汗耕耘。這一切，我點滴在心頭……只要現在稻下秧苗，他日自然稻浪飄香。」他也十分感佩賴承麟技術指導及各界鼎力相助，才讓菁寮國小實驗稻田在少肥又少藥的管理原則之下，病蟲害少且品質優越，喜悅豐收。

後來不論是種田或沒種田的家長，陸續有人投入小面積種植，成為自然農法的種子，落實自產自銷，並且獲得一些團體支持。

鈺涵說：「這個課程中，讓我學到了堅持到底。」

嘉鴻說：「我以後想種出最好的稻米。」

啟彰說:「雖然種稻的時候很辛苦,不過收割時很開心。」

凱富說:「我學到了許多種稻知識,我長大要幫我爸。」

沂璋說:「用了天然農法可以給大家吃得很健康。」

怡靜說:「現在我可以幫阿公阿嬤種好吃的稻子了。」[3]

孩子們種稻與培養吃米習慣、延續米食文化,有沒有直接影響?賴承麟直言,憑著幾次活動就要改變習慣,陳義過高,但他認為,參與實作的過程,最重要的是培養態度。

下田了,除草去!

3　榮興碾米廠與菁寮國小共同企畫:《南瀛之光—學生稻米栽種成果集》。

稻田裡移動不易，除草可不簡單，而且有時好癢！當然，女同學也可以很優雅地下田哦！

四年級的陳柏宇家裡是養魚的，他邊弓著腰拔草邊聊著：幫爸爸放魚飼料才累，因為還要換青蛙裝，相當麻煩的！他踩在稻田的每個腳步都十分熟練。

收工了！夕陽餘暉下，孩子們在田埂上，踩著輕快步伐回學校去的身影，真是美麗！

「我並不期待一次的栽種課程，就能培養出可以獨自耕種的農夫，整個栽種過程與參與的態度，才是我們想要的收穫，」賴承麟說。

時代如此競爭，農村子弟的優勢不外乎「態度」

他自己是農村孩子，到市區讀書工作歷程中，更能思索，時代如此競爭，農村子弟的優勢是什麼？不外乎「態度」！至於米食習慣，他說，現代人飲食西化，中餐也速食化了，麵粉

料理的便利性與多樣化，若能應用到米食，或可讓孩子們更能習慣米食。

賴丞麟卸下後壁商圈理事長職務後，仍偶爾接學校推廣課程，他仍相信體驗教育在孩子身上能潛移默化。也許想法阿Q，他仍希望持續保有這樣的理想性。

「不論是漢人的米食文化、阿美族的野菜文化或客家人的芥菜文化，都是人與土地互動後的集體智慧結晶。但是在速食、標準化供餐、口味一致的『離土飲食』趨勢下，風土飲食正面臨危機。」《食‧農——給下一代的風土備忘錄》作者楊鎮宇除了推介日本的食農教育、義大利慢食運動，也引述了鄉村社會學者楊懋春對於食農教育在實作體驗與文化體驗等不同面向的主張：「文化是指一個地方的人有其特殊生活方式與生活方法。在農業社會中如有其特殊文化，往往會直接或間接與其他的農業或重要農作物有關。……一個農村，或數個相鄰的農村，也會積演成若干種膳食上的特殊文化。這也與一個地方上的特殊重要農作物有直接關係。」[4]

楊鎮宇也推崇劉還月很早就創辦「常民文化出版社」及所出版的一系列《臺南地方鄉土誌》、《臺灣產業誌》等，講節氣、吃在地，關心環境，這些不正是今天所說的食農教育！

4　楊鎮宇，〈第五章：尋找臺灣的飲食文化〉，《食‧農—給下一代的風土備忘錄》，頁126-173。

　　繼菁寮國小之後，林秋美校長於 2015 年到任新東國小，2016 年 8 月李榮宗老師調任新東國小，獲得校長支持繼續推動他長年落實的生態教育，其中最受外界注目的，自然是帶著孩子們種稻。

　　林秋美校長說，後壁是稻米之鄉，座落在稻浪之中。緊鄰無米樂故鄉菁寮的新東國小，在 2008、2009 年吳建邦校長任內就積極推動「夢想田」。當時還未退休的莊慶芳老師在校門外擁有 4 分地，在校友顏明川等人的協助下，帶著學生們種了 2 期稻作，特別是在校慶時當成伴手禮。學校還舉行校慶米命名活動，結果陳建璋同學的「心動玉白米」獲選。

　　新東 80 周年校慶時，秋美校長基於傳承，也鼓勵孩子種了校慶米並且援用「心動玉白米」。更值得一提的是，李榮宗老師長年投入紫斑蝶保育工作，任教菁寮國小時就曾與榮興碾米廠小老闆賴承麟合作指導學生種稻。李老師致力於微生物自然農法，希望友善環境在孩子意識中萌芽，最終能拋磚引玉，鼓舞更多農民投入並喚起政府重視。幾年來陸續有小農、青農來取經並且實踐這樣的農法。

　　在地的仕安社區也提供一小片農地，做為新東國小孩子們的共學田，稻作收入就給孩子們共同運用。

林秋美校長基於傳承，孩子種的稻子援用「心動玉白米」品牌名稱。她還介紹，學校多年來，食農教育有成，除了完整的教材與得獎榮譽，孩子們的書法課也展現了農村俗諺趣味與學習節氣智慧。

稻秧、除草、抓蟲，孩子一步一腳印

李老師除了指導孩子，如何利用微生物自然農法種出好米，也因應時代進步，引進包括無人機施菌肥等農業科技。孩子們一步一腳印，從稻秧、施肥、田埂除草、補植秧苗、抓福壽螺到收割，親力親為。小男孩赤腳踏入水稻田中弓著身子巡田抓螺、除草，還得小心翼翼地避免踩壞了秧苗，這對新手可不是輕鬆活兒。

「不會很累啊！」四年級的陳柏宇家裡是養魚的，他說幫爸爸放魚飼料才累，因為還要換青蛙裝，忙完了再脫下一身子，相當麻煩的！他踩在稻田的每個腳步都十分熟練，他稍加思索，充滿稚氣的音調卻又成熟的回答說：「插秧最困難也最辛苦！」問他為什麼？答案卻令人莞爾：「插秧都是彎著腰，看不到旁邊的人，忙著忙著就你撞我推你，還會推成一團，跌了一身泥……」一旁的同學也笑著附和。稻田對他們來說，不像是苦力，真如李老師所期待的，農田生態化，農田就是遊樂園。

李老師除了田間指導，也傳授技能、知識、天候因素對稻田的影響與生態保育觀念，培養孩子帶得走的能力。李老師肯定地說：「小朋友下田也 OK 的！」辛苦之後，他對孩子的獎勵更是大方。他總是自掏腰包向小農購買水果宴請小朋友。到 2019 年春天，李老師一投栽進自然農法已經 7 年了，理念相

同的夥伴已遍及鄰近區域，面積達 10 甲地並且以青農居多，也包含少數退休公職人員。他以實際成果證明，這樣的農法可以有八成的收成率。他還義無反顧地走下去，要讓孩子們明白，種好米，吃好米，吃健康的米，沒那麼難！

他也分享了白米品質好壞的觀念。他舉例，日本人善用數據評鑑白米品質，落實分級制，關鍵項目就是白米粗蛋白質越低，品質越好。

現代人受到飲食西化影響，小朋友難抵擋速食誘惑，但秋美校長認為，種稻的食農教育除了可以培養孩子一技之長與食安意識，更重要的是透過耕作、收成與辨識好米，進而培養食米習慣與樂趣，將來成為優質消費者與自然農法支持者。「孩子們潛移默化地都能認識米食原形，也能意識到美食當前，哪些是米食或米食加工品，吃了米食就直接、間接地幫助到農民了！」

除了引導孩子學會評鑑好米、洗米、煮米飯，新東國小也舉辦壽司、湯圓 DIY 等活動，冬至時搓湯圓送給村民，惜福感恩，敬天畏地，並且體會農家人情味。「孩子們自己動手做，自己品嘗，那味道就是不一樣！」李老師說，孩子透過學習勤勞，友善大地並且能從稻米類化到其他農產品。

新東國小是個偏鄉小學，食農教育並非虛晃一招，歷來除了定期收成安全、健康又好吃的米，也推出食農教材，特色教

這一天除了草，小朋友見到鏡頭展露笑顏，開心合影。

李榮宗老師說，他的理想就是讓農田成為遊樂園。畢業班孩子不小心蹲坐下來就弄溼褲子了。他忙著指導說，對對對！弓著身子才對！

李榮宗老師帶著畢業班孩子識別稻子的成熟度與優劣,也享受豐收的喜悅。

輪到一到五年級收割了,孩子們在主任與老師帶領下,浩浩蕩蕩走在鄉間小路上。李榮宗老師又示範一次正確的姿勢。

好一個豔陽天。下田了！女同學也不怕苦的！

小心小心！一個接一個，別滑跤了！

望著孩子們幾個月辛苦有了收穫，長年幾乎以農田為家的李榮宗老師，欣慰地說，「種田！小朋友也 OK 的！」

學吸引鄰近地區家長的認同，像是新營區的家長就佔了四成。

2019 年初夏，時有雷陣雨，新東國小擔心稻穀倒伏，稻田大半先由機械搶收，留下一小部分給孩子們親自收割。

天青無雲，稻子收割了

6 月 5 日，典型的夏季型氣候，天青無雲，一早溫度飆升逾 32 度，收割提早展開。即將畢業的六年級生穿上農夫襪，戴著斗笠，小心翼翼地踩在稻田泥濘中。手抓一把稻，另一手持鐮刀，唰唰唰地奮力割稻。哇！屁股溼了！太心急的小女生一屁股蹲下，褲子就溼透了！李榮宗老師趕緊提醒正確動作是下身要上提，才不會弄溼褲子！

小男生因為不禁小昆蟲咬，一直抓癢，即使是家裡也種田的孩子仍不免嚷著：好熱！好熱！好不容易完成工作，校長林秋美陪孩子們一起聚集田邊樹下，李榮宗老師和大家一起驗收這一期稻作的成果。沒有稻熱病，收成量很不錯！

陳宥慈同學的外婆在菁寮也種稻。靦腆的她說，外婆是用慣行農法，她想要跟外婆分享她在學校種稻所學習的自然農法，因為對人比較健康。不過她也直言，可能要由媽媽出馬才能改變外婆的耕作方式。

來吧！拍張照吧！

耶！我們收割了！

光吃白米飯就很甜美

余佩豁是白沙屯在地人，阿公和爸爸都種稻子。聊到自己種的稻子與爸爸的有何不同，她說，家裡是慣行農法，她在學校種稻則是自己養的菌，不會傷害生態。佩豁同時也是蝴蝶生態解說員，多年來跟著李榮宗老師的團隊，積極參與生態保育活動。她說，要爸爸改變農法，很難，但媽媽已有改變意願。她想告訴爸爸，她種的稻子稻熱病少，而且因為有效使用生物防治法，福壽螺也少了，稻子長得好。最重要的是，自然農法種的稻子，光吃白米飯就很甜美！

平常就會幫忙爸爸耕作的佩豁說，自己學種稻之後，更瞭解農夫的辛苦。這時佩豁與同學們一樣，汗如雨下，但她露出成熟的神情說，種稻讓她知道：「努力才會有成果！」趕在端午節連假之前，其他年級的孩子們，也接著在翌日一早下田收割，全校一起享受收成的喜悅！

第三節　新嘉國小，有「蝠」了

很多人不知道，稻田和蝙蝠有著奇妙的關係。

初夏時節，當田野處處黃金稻浪飄香之際，這個坐落在稻田之間的迷你小學新嘉國小，孩子們忙著追逐的不是蟬鳴，而是另一群嬌客——黃金蝙蝠。

　　2019 年這天，校長林良駿[5]請一、二年級的孩子們帶著我去看這些神祕客。每年清明節前後，牠們都自己飛來，綠意盎然的校園裡蓊鬱參天的臺灣欒樹、欖仁樹等，都是牠們最理想的棲身之所。

校長林良駿帶一、二年級的孩子們尋找蝙蝠蹤影。孩子們俏皮地指著資源回收站的彩繪牆說：「在那裡！」牠們都自己飛來，綠意盎然的校園裡蓊鬱參天的臺灣欒樹、欖仁樹等，都是牠們最理想的棲身之所。

5　2020 年 8 月 1 日校長人事異動，林良駿校長調任新進國小，新嘉國小新任校長為盧彥賓校長。

　　正當個子嬌小的孩子們奮力仰著頭在樹葉間搜尋時，林校長立即請小朋友退後幾步。他指著地上的黑點點說，這是尋找牠們的重要線索──蝙蝠的排泄物。順著排泄物往上找，高高的樹梢上，乍看像結實纍纍，正是褐色蝙蝠緊緊依偎著，「你們若站在正下方，又張大嘴，哇！」校長幽默地提醒著孩子，同時也給了孩子們最生動有趣的生態與環境教育。他隨手又撿起已經乾柴了的金龜子，軀殼已不完整，那是蝙蝠吃剩的。

　　答案來了！校長跟小朋友解說，緊鄰菁寮的新嘉國小所在的聚落是白沙屯，居民也以稻米為主要作物。聚落裡在這個季節遍野稻穗，稻田昆蟲吸引蝙蝠不請自來，新嘉國小正好提供最佳棲地。黃金蝙蝠直到 10 月離開，孩子們還製作蝙蝠箱，掛在校園走廊上，提供蝙蝠更多棲息空間。

校長提醒孩子們別驚擾蝙蝠了！他並且告訴孩子們，他手上的蟲殘殼就是找蝙蝠的線索。

　　林校長進一步說，稻田昆蟲、飛蟲多，新嘉國小闊葉樹高大而隱密性足夠，加上校園通風良好，適合黃金蝙蝠棲息，提供了學生最佳的生命教育課程。小朋友從校園生活中認識家鄉稻米產業與蝙蝠生態保育，還包括蝙蝠救援。這也可以說是米食文化特別的篇章。

　　原來，蝙蝠到來，為稻田除害蟲。所以，有些學校結合社區一起打造蝙蝠箱，一起歡迎和保護蝙蝠，甚至利用蝙蝠排泄物製作肥料，落實生態保育並且結合食農教育。

新嘉國小牆面裝置，都是孩子們米食與產業文化學習的教材。

　　位於雲林縣水林鄉、由臺灣永續聯盟與雲林縣政府共同經營管理的「黃金蝙蝠生態館」的資料介紹，黃金蝙蝠為黃金鼠耳蝠的俗稱，有牠們群聚的地方就帶有福氣的傳說。牠們通常在樹葉上繁殖，有時也在住家，冬天則上山冬眠。「牠們以超音波偵測金花蟲、蚊子與夜蛾等飛蟲為食，是農民的好幫手。在臺灣，牠們最常在雲嘉南地區被發現。」「黃金蝙蝠生態館」網站在「蝙蝠的迷思」中還介紹，「蝙蝠一點也不邪惡。絕大多數小型蝙蝠會吃掉大量害蟲，減少使用農藥，所以是福氣的象徵。」

校慶會上的稻草人十分有趣。

高鐵劃過無垠的稻田大地，時代真的不同了！

緩步於黃金稻浪之間，仍是農村最祥和的畫面。

第八章

結論：新米食文化運動

第一節　為了食飽，也為了傳承

時代變了，國人吃米量銳減。農村人口老化、外移，耕作面積縮小，稻草人不多見了，驅鳥的畫面也漸漸少了。

然而，民以食為天！昔日，農民看天吃飯，為了擴大收成數量，為了供應足夠米糧而揮汗如雨下；如今，為了迎戰大環境的各種挑戰，為了農業永續發展，為了生活，更為了歷代耕耘的土地，仍在繼續打拚。

南瀛大地，位在臺灣西南部的臺南，居於北回歸線以南，嘉南平原中心。也正是轄內有曾文、急水、八掌及將軍等溪貫流其間，尤其是曾文水庫、烏山頭水庫、白河及南化等大水庫，還有密如網佈的嘉南大圳、埤、圳遍及各地，灌溉水源相當豐沛。

這片南瀛大地還因為地形地勢平坦，土壤肥沃，氣候適宜而擁有可觀的農業產值。根據臺南市政府農業局網頁資料，臺南市作物主要區分為稻米、雜糧、特用作物、蔬菜、果品、花卉、牧草，105 年度最大宗的稻米收穫面積 24,484 公頃，其次雜糧種植面積 12,691 公頃，而稻米主要有粳稻、秈糯稻、

仙湖農場的米飯配地瓜,吃到農家菜的滋味。

東山休息區的木桶飯,吃出米飯創意。

糯稻、軟秈稻及硬秈稻,其中以一般人食用的粳稻種植面積最多。

強化米食創意並推廣為全民運動

政府自 2011 年起積極推動在地消費,提振國產米食,「農糧署全球資訊網」上清楚公告國產米食推廣重大政策,目的是確保稻米產業永續經營及強化農地利用,避免過度依賴進口食品。這些政策除了增進國產農產品消費量,也符合節能減碳的國際潮流。政府更期望帶動國人食用臺灣米的風潮,強化米食

創意並且推廣為全民運動。這些策略近幾年透過農會、學校、社區等各領域都可看到相關活動。

而臺南市政府相關政策主要有兩大方向，一方面設置良質米生產專區，擴大經營規模，以提升農業競爭力；另一方面推動營養午餐在地化食材，保障學生飲食安全，並且達成健康低碳綠金農業目的。

可喜的是，老農民觀念逐漸改變了，也見青年農民返鄉或投入稻穀專業栽培與創意行銷。一切都為了保有農村美麗風景與傳統米食文化而戰。

臺南美食名享國內外，許多店家或攤家都曾是美食家書寫與報導的主題，米食更是美食重要元素。然而，一般人印象中，常民飲食文化仍有提升空間，例如隱藏最多美食的夜市、市集或傳統菜市場，往往給人髒亂印象、攤販或店舖擺設缺乏美感、餐具粗陋或為了便利而使用塑膠製品，都是美中不足之處。

臺南市政府文化局長葉澤山，多年來著力於美食文化提升與農村產業文化行銷，也就倡議以「故事」行銷農村產業與文化。特別是南瀛大地擁有廣大的農村地區，擁有獨特的文化創意產業資源，他認為：「農村是臺灣將來的精華區，因為農村有最優良的居住環境，生產最優質的農作物，吃最健康的當季食物。」

林鳳營落雨松祕境，因為金黃稻田更增色。

種出健康、幸福的冠軍米，就是好故事

那麼，咱們又該如何突顯農村的文化價值，而轉換成文化商品呢？他認為，每個農村都有屬於人與土地的故事，例如《無米樂》的崑濱伯敬天愛土，種出健康、幸福的冠軍米，就是好故事。

光是米食，臺南有太多的故事，文化局持續結合社區總體營造，輔導農人找出自己的故事，用故事包裝農產品。用故事行銷農村產業的計畫中，稻米，就是個鮮明主題。今天的稻米，

不只是稻米，不只供飽食，而可以成為「有文化底蘊的佳釀」，並且創造附加價值，形塑當代的美食文化、時尚文化與新城市美學。

臺灣人從吃番薯、米為主食，逐漸轉變為以米、麵為主食，究竟是怎樣的時空背景造成這樣的改變？這不僅是個人飲食習慣的變化，各種因素可能包括保健觀念的調整、世界經貿佈局及文化交流或異文化認同等等。根據農委會統計，2016年臺灣每人平均食米量只有44.5公斤，1974年的平均食米量為140公斤，40多年之間國人的米食需求只剩三分之一。《食‧農──給下一代的風土備忘錄》作者楊鎮宇在書中提出這樣的問題：臺灣跟日本（食米量年平均約60公斤）、韓國（食米量年平均約80公斤）一樣受到美國農產品進口影響，為什麼臺灣的食米量最低？這是個值得深思的問題。[1]

臺灣稻產大致區分為秈稻，又稱在來米，口感偏乾硬且粒粒分明，適合料理炒飯、製作米粉、粄條、米篩目、碗粿、蘿蔔糕。粳稻又稱蓬萊米，日治時期傳到臺灣，口感較柔軟黏膩，適合製作粥、米飯與壽司等料理。還有糯稻，包括長糯米煮起來較不黏糊且呈顆粒狀，適合製作鹹式點心如油飯、筒仔米糕，粽子、飯糰等，而圓糯米較適合做甜食如甜米糕、麻糬、

---

1 楊鎮宇，〈前言：從自己土地上長出來的食農教育〉，《食‧農─給下一代的風土備忘錄》，頁23-24。

301

多年前在沿海鄉鎮，都市孩子來體驗收稻打穀。

晨昏或陰晴，稻田隨時都是不同的詩篇。

湯圓、八寶飯等。另外，稻米只去粗糠的糙米、去糠層但保留胚芽的胚芽米，或是紫米、黑米等各種稻米因為養生意識抬頭而受到歡迎。[2]

　　筆者十分認同何金源這句話：「面對全球糧食危機，我們應該好好吃飯、吃好飯，遵古外，更創造米食新文化。」

　　人們對於食米的需求，已從溫飽而到了美學的追求，這也是這個充滿創意的時代，這片土地，延續書寫自己米食文化與永續經營的契機。

2　何金源，《愛上米食—從認識稻米到做出美味米食料理》，頁 13-15。

第二節　食飯皇帝大

食飯皇帝大！筆者成長於鄉村，從小就聽長輩們講的這句話，隨著成長，越是覺得有趣！

咱是吃米的民族，「食飽袂？」（臺語）是鄉間人們最直接的問候語，外國朋友來臺灣，最先學會的也是一句：「食飽袂？」而老北京人最常掛嘴上的問候語，也是這麼一句親切的問候：「吃了嗎？您呐！」誰說不是民以食為天，食飯皇帝大呢！

也許是長年在南臺灣工作與生活，哪怕是自己飲食也十分多樣化，也可以說相當西化，但，三餐怎麼變化，總是要吃飯的！我以為，米食量少了卻不會褪色，反倒會以更不一樣的形式，呈現在咱這一代人或下一代人的餐桌上。

米食推廣一直在持續著

2019 年端午節前夕，臺南市粽子比賽，大竹林的麻油桂圓紫米粽獲獎。筆者對這個地方新聞感到興趣，是因為，米食推廣一直在持續著，而且多元食材與創意行銷也仍是相關活動的主節奏。

臺灣加入 WTO 之際，農政單位開始加強米食推廣，那幾年筆者走訪鄉間，各地農會經常舉辦米食活動，常見婆婆媽媽們總動員。

　　2003 年秋天，那是鹽水農會獲農委會與南區糧食管理處補助辦理的，稻米產業文化米食研習課程，其中一堂教做筒仔米糕、三角御飯團、紅龜粿和珍珠丸子等四種米食。當時應邀前來的烹飪專家何金鈴就說，「媽媽們只要多用點心，米食也可以變化得美味可口，甚至變成全家人都愛吃的餐點主食。」她鼓勵家庭主婦不妨多用巧思製作各種米食，讓爸爸、孩子每天早餐都吃得開開心心，大夥兒一整天工作、讀書就不覺得累了。

　　也研究中醫養生的何金鈴建議，「早餐可以大腸、饅頭、飯團等不同口味的米、麵食當主食，取代漢堡等西式早點、冷食，可以幫助全家人精神飽滿，身體健康。」

　　一位張小姐說，御飯團不難做，內餡可以自由變化，也可以和孩子一起做，應該會很有趣。當時 76 歲的葉太太說，製作這些米食，和以前炊粿比起來，容易多了。不過，年輕人製作米食確實較有變化，她自己一邊做，就一邊忍不住想快嚐一嚐。

　　2006 年初夏，西港農會舉辦南瓜米食競賽，家政班媽媽大顯身手秀廚意，料理包括南瓜米粉、南瓜壽司和濃湯，還有媽媽利用南瓜泥和絞肉餡製作南瓜元寶，多了細緻綿密的口感；南瓜泥製魚丸，多了南瓜的色澤與營養。

　　農會推廣人員介紹南瓜八寶飯的作法是，以紅蔥頭和豬

肉、香菇等食材爆香，加入糯米、調味料拌炒後置入去子的南瓜中蒸熟。當天使用的南瓜品種耐煮，口感軟綿有口感，與油飯一起吃，口感很特別。奶香瓜點就像香酥口味的炸地瓜片，很適合下雨天的點心。南瓜蒸熟後搗成泥，還可以做濃湯或南瓜珍珠丸，色香味俱全。農會以當地產銷班栽培的南瓜搭配做成創意米食，還提供食譜，希望這些料理能普及到家庭。

新農人、新社區形塑新米食文化

曾經，咱這一代人常聽到長輩叨唸著：「食米毋知米價。」（臺語）這些喻示著先民智慧的語詞，用於今天，也當有不同層次的意義吧！近幾年，農村人口老化，糧食危機等問題開始引發省思，遊子、糧商二代、科技人重回土地，盼能帶來米食新文化；越來越多新農人也加入形塑新米食文化的潮流。

也由於人口老化速度加遽，人們更加重視養生與飲食，曾有好長一段時期，愛美或講究健康指數的人們轉而吃麥片，而對白米飯卻步。隨之而來的是，糙米、五穀米、胚芽米養生觀念抬頭。可喜的是，近年開始有各種關於米食營養的宣導與資訊，從中醫的養生粥到歐美掀起的吃米潮，讓人意識到，當今吃米不只吃粗飽，也可以吃得很養生很時尚。

2011 年臺南市政府新臺南 10 大旗艦計畫中，「新農業・新農村・新農人」揭示了農業發展政策。原臺南縣是農業大縣，

農村、農業，農民占大宗，臺南市政府透過計畫，著力於大臺南的農業轉型再生，試圖讓農業成為綠金。

這項計畫內容包括：臺南市農民學堂計畫、有機農業倍增計畫（如建立品牌）、建立國際產銷平臺、農村深度旅遊推展（如後壁菁寮）、發展農業精品（如經典好米）。配合農村旅遊還計畫開發訂婚禮、彌月禮、企業形象專屬禮等，目標是不同族群的精緻禮盒市場。幾年下來，這些計畫固然有些已無疾而終；同時卻也成功催生了一些品牌、社區、微旅行與代表人物。本書走訪一、二，見證了這個時代的米食文化發展軌跡。

「每個民族都有習慣的飲食文化。」《食‧農──給下一代的風土備忘錄》作者楊鎮宇提到：「飲食習慣的改變並不是件容易的事。」他進一步說：「臺灣以米為主食的飲食文化，則是在短短三、四十年間就走向西化飲食……這不是單用個人飲食習慣改變就可以解釋的。」米食量下降迅速，除了與美援小麥供應穩定、北方人的麵食習慣以及政府有規模的麵食推廣有關聯，國人對白米飯的營養與健康價值觀也隨著異國飲食文化普及、其他主食或副食、點心例如麵食、漢堡、燕麥等商業廣告訴求都不無影響。也有人稱之為對米食的「汙名化」。筆者採訪了在地青農、碾米業者或農會，他們對於近幾年燕麥片

的廣告對白米形象造成的衝擊，也頗感無奈。[3]

外食習慣慢慢成形

國民政府來臺之後，中國大陸北方的麵食文化也隨之來臺，如今普及的永和豆漿、小籠包、水餃、牛肉麵成了臺灣特色美食與街頭印象。楊鎮宇書中特別引用美食評論家逯耀東教授的考察，逯耀東找尋「地道的川味牛肉麵」卻遍尋不著，因此認為「將牛肉與麵條合成的牛肉麵，卻創於臺灣，」也突破了臺灣農村不吃牛肉的禁忌。1984 年臺灣第一家麥當勞開張，逯耀東認為不可忽略牛肉麵在臺灣發明、發展的脈絡：「這是臺灣過去 幾十年飲食文化發展一個重要突破，為後來速食文化的『麥當勞』登陸臺灣作了奠基的準備工作，如果沒有川味牛肉麵的先行，臺灣就沒有那麼多吃牛肉的人口……。」外食的飲食習慣也在 1980 年代慢慢成形。[4]

經濟起飛，外食人口成長，飲食西化，各種因素與浪潮匯聚，市街上，大江南北菜系為招牌的家鄉菜館宮保雞丁、滑蛋牛肉，還有咖啡簡餐店林立，異國料理如牛排、義大利麵都吸引了現代人的味蕾。

3　楊鎮宇，〈第二章 農村的困境，1970-1990〉，《食•農——給下一代的風土備忘錄》，頁 78。

4　同上，頁 82-83。

另外，日本統治過臺灣半世紀，料理上的某些習慣和手段，臺灣人選擇性地將它內化為飲食生活，甚至演變成「混血臺菜」。明顯的例子是，大街小巷很尋常的平價日本料理。如今握壽司風靡全球，又像是炸豬排、蛋包飯、咖哩飯等等大眾化日本料理越來越普遍。還有丼飯，焦桐解釋，「丼音洞，原意是狀石頭落井聲，現在特指放食物的容器，丼飯即蓋飯。」[5]

然而，工商社會講究快速與成本，年輕世代的飯桌也在24小時營業的超商裡。進一步微波食品、料理包隨之盛行，很多美食家甚至於打趣說，時下消費者吃的是美食本身或是吃醬汁呢！

筆者熱愛美食，常喜歡到處嘗試不同的料理，也常常失望而返；因為吃到料理包或是中央廚房供應的調味真空包裝肉品，似乎已成常態。少了美味副食，主食米飯也就讓人食不下嚥了。

當然，有些店家除了食材願意自己調理之外，米飯也是願意講究的，例如位在鹿草鄉間的「迷鹿」餐廳，多年來一直堅持使用的是一溪之遙的菁寮好米。讓人享受簡餐之際，捧在手心的這碗白米飯，吃得特別有滋味。

5 　焦桐，〈臺式日本料理〉，《臺灣味道》，頁 143。

傳統市場，地方飲食文化的縮影

多年來的採訪與庶民美食品嘗經驗裡，想要品嘗當日現做的傳統米食，多半還得在傳統市集裡或巷弄間。除了傳統小吃少不了重口味的疑慮之外，要吃得著道地滋味，嘗得到在地文化風情，少不了這些老地方。也因此，像是傳統市場這些地方，就是一個地方飲食文化的縮影。有人吃飯，就有人賣飯菜、煮飯菜，老雜貨店、乾貨店、甚至打鐵舖都是文化的一部分。

百年佳里中山市場角落裡，還有蘇家老打鐵舖，1951年出生的蘇瑛順13歲就跟著父親在市場學打鐵，迄今店舖已有約70年歷史。大型農具需求量少了，但農民購買鋤、鏟或廚師、一般人家買刀仍愛找老師傅。除了農耕機具，只要還有人下廚煮飯菜，就一定需要菜刀。蘇瑛順的兒子也已有師傅資格了，家傳三代打鐵舖為老市場添了風景！

曾經浴火重生的中山市場，不論是賣米糧或乾貨的雜貨店、主食或點心米食攤、菜攤等各行生意，仍不脫「食飯皇帝大」。也就是說，一個百年市場的蛻變，與攤販商品的種類與轉型，正是在地人飲食文化的縮影。

曾任在地東寧里長與市場聯誼會長的保生中藥行負責人陳福全，與中山市場有著深厚淵源。他見證了中山市場浴火重建的艱辛歷程。保生中藥行攤位前一塊老牌匾，見證了藥舖已有60年歷史，牌匾是陳福全從家裡的老藥舖帶來的，他是藥

舖第三代傳人，1958 年出生的他，也已經在市場做了 40 年生意了。當年為何自己進市場做生意？他說，那時代生意太好做了！

今日雖然時代變遷，但民以食為天，南瀛大地是大米倉，稻米仍為莊稼人重要食糧。仍有許多上班族延續家庭的飲食習慣，一整天裡不吃上一頓米飯，就稱不上吃飯。老市場人認為，傳統市場仍有三大優勢：一、早市主要販售溫體肉，新鮮取勝！二、蔬菜當令當季甚至是新鮮採收。三、米食講究當日現做。四、人情味濃。

「灶腳沒有灶，我們不僅失去了家庭的守護神，黃昏的田野也失去了詩意，因為再也看不到裊裊上升的炊煙了。沒有炊煙，只剩冷灶，我們的生活也變得單調了。」[6] 逯耀東在《肚大能容——中國飲食文化散記》書中，有這麼段感性文字。

呼應逯教授的感觸，我想進一步說：這個時代，很多人家即使有灶腳，也不開伙；不到傳統市集，可能就嘗不到各式各樣傳統米食的滋味。也可以說，若少了市集，我們的生活也要變得單調了吧！

6　逯耀東，〈灶腳〉，《肚大能容—中國飲食文化散記》，頁 222。

2003 年鹽水農會舉辦的米食製作活動。

2006 年西港農會舉辦的南瓜米食活動。

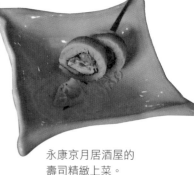

永康京月居酒屋的壽司精緻上菜。

甜點主廚返回新營經營「拉蘇里」歐式餐廳，野菇松露燉飯是一特色。

產米聞名的雲林縣西螺，朋友的「帕瑪森輕食咖啡館」，燉飯很受年輕人歡迎。

時髦的韓式料理提供米飯不同吃法。

佳里中山市場角落裡的老打鐵舖，是農村生活文化的見證與傳承。

參考書目

▌ 專書

1. 中央電視臺紀錄頻道編著，《舌尖上的中國》（臺北：天下遠見出版股份有限公司，2012 年）。

2. 天主教臺南教區金慶委員會，《天主教在臺南：臺南教區成立50 週年紀念 1961~2011》（臺南：聞道出版社，2012 年）。

3. 古川勝三著，陳榮周譯，《嘉南大圳之父——八田與一傳》（臺北：前衛出版社，2001 年）。

4. 何金源，《愛上米食——從認識稻米到做出美味米食料理》（新北：葉子出版股份有限公司，2017 年）。

5. 卓克華，《台灣舊慣生活與飲食文化》（臺北：蘭臺出版社，2008 年）。

6. 焦桐，《臺灣舌頭》（臺北：二魚文化事業有限公司，2015 年）。

7. 焦桐，《臺灣肚皮》（臺北：二魚文化事業有限公司，2013 年）。

8. 焦桐，《臺灣味道》（臺北：二魚文化事業有限公司，2017 年）。

9. 逯耀東，《肚大能容——中國飲食文化散記》（臺北：東大圖書股份有限公司，2014 年）。

10. 黃文博，《走過黑夜，走過山林——東山碧軒寺迎佛祖暨遶境》（臺南：臺南縣政府出版，2010 年）。

11. 楊鎮宇著、臺灣農業推廣學會策劃，《食·農——給下一代的風土備忘錄》（臺北：游擊文化股份有限公司，2018 年）。

12. 陳正美，《嘉南大圳與八田與一》，臺南市政府文化局，2011。

■ 網路資源與參考資料

1. 〈新農人新典範〉，臺南市政府農業局網站，參考時間：2018 年 4 月 26 日。網址：http://agron.tainan.gov.tw。

2. 周小仙，經濟日報 C4 版〈創業夢想家〉，2007 年 5 月 12 日。

3. 李至和，經濟日報 G7 版〈商業情報〉，2008 年 2 月 27 日。

4. 國立臺灣史前文化博物館的考古學習網頁引用周曉婷報導，〈南科考古遺址發現，稻米育種，石器時代就有〉，中時電子報，南縣報導，2008 年 9 月 3 日。刊登日期：2009 年 5 月 12 日。

5. 湯雅雯，〈臺灣第一米，證實 5000 年前就種稻〉，中時電子報，2015 年 8 月 12 日，臺南市。參考時間：2019 年 5 月 31 日。

6. 特派記者汪莉絹，〈福州小吃三寶——肉燕、魚丸、鍋邊糊〉，《聯合報》C8 版〈三坊七巷‧福建福州〉，2018 年 12 月 17 日。

7. 官田國小食農教育網。參考時間：2019 年 6 月 17 日。

8. 黃金蝙蝠生態館網頁，參考日期：2019 年 6 月 5 日。

9. 〈臺南農業概況〉，《臺南市政府農業局網站》，刊登日期：2012 年 12 月 18 日，更新日期：2018 年 3 月 16 日。（農漁畜產業統計資料下次更新時間為農委會 106 年度農業統計年報出版後，預計 2018 年 8 至 9 月）參考日期：2018 年 4 月 26 日

10. 《農糧署糧食產業組》網址：http://www.afa.gov.tw。

11. 榮興碾米廠與菁寮國小共同企畫：《南瀛之光——學生稻米栽種成果集》。

作者簡介

謝玲玉

走入鄉間，探索農村精彩故事。

愛上傳統市場，找吃的也找人情味。

每天一杯咖啡，追求靈感追求放慢腳步。

曾任聯合報記者，目前從事自由寫作與寫作教學。

▌ 作品包括：

《臺南天主教信仰研究》、

《在晨光中，在月色裡 慢慢走：臺南‧文學‧散步》、

《典藏月津—鹽水街百年印象》、

《南瀛繪畫誌》、

《南瀛鹽分地帶藝文人物誌》、

《鹽水港的故事上冊、下冊》、

《八田與一：烏山頭之愛 筆記書》、

《鹽水港的老相簿：月津老照片故事之 1、之 2》、

《舊情南瀛台南縣老照片之 1》、

《我家在鹽水》南瀛之美圖畫書系列、

《南瀛漁鄉誌》、

《再紡麻袋會社—新營新生製麻廠紀事》、

《懷念的製糖歲月—新營糖廠紀事》、

《再會吧咱的鹽田：告別台灣曬鹽 338 年 紀念筆記書》……等。

大臺南文化叢書第 8 輯 04

米鄉地圖：南瀛米食文化

作　　者／謝玲玉
社　　長／林宜澐
總　　監／葉澤山
召 集 人／黃文博
審　　稿／黃文博
行政編輯／何宜芳、許琴梅
總 編 輯／廖志墭
執行編輯／宋繼昕
編輯協力／宋元馨、潘翰德
封面設計／黃梵真
內文排版／藍天圖物宜字社

出　　版／臺南市政府文化局
　　　　　地址：永華市政中心：70801 臺南市安平區永華路 2 段 6 號 13 樓
　　　　　　　　民治市政中心：73049 臺南市新營區中正路 23 號
　　　　　電話：（06）6324453　網址：http：// culture.tainan.gov.tw

蔚藍文化出版股份有限公司
　　　　　地址：10667 臺北市大安區復興南路二段 237 號 13 樓
　　　　　電話：02-22431897
　　　　　臉書：https://www.facebook.com/AZUREPUBLISH/
　　　　　讀者服務信箱：azurebks@gmail.com

總 經 銷／大和書報圖書股份有限公司
　　　　　地址：24890 新北市新莊市五工五路 2 號　　電話：02-8990-2588

法律顧問／眾律國際法律事務所　著作權律師／范國華律師
　　　　　電話：02-2759-5585　　網站：www.zoomlaw.net

印　　刷／世和印製企業有限公司
定　　價／新臺幣 450 元
初版一刷／2020 年 12 月
I S B N：978-986-5504-12-0　　G P N：1010900916
分類號：C070
局總號：2020-569

國家圖書館出版品預行編目（CIP）資料

米鄉地圖：南瀛米食文化/謝玲玉著 .-- 初版 .-- 臺北市：蔚藍文化；
臺南市：南市文化局，2020.12
　面；　公分 .--（大臺南文化叢書 . 第 8 輯；4）
ISBN 978-986-5504-12-0（平裝）
1. 飲食風俗　2. 歷史　3. 臺南市

538.7833　　　　　　　　　　　　　　　　　109009281